MISSION
ミッション

トップ16人が語る
「3・11」と
「未来の稼ぎ方」

大塚英樹

講談社

装幀・本文レイアウト　斎藤伸介

ミッション

〈目次〉

〈目次〉

はじめに　今なぜ「ミッション」なのか……10

Chapter－1
柳井　正
グローバルに羽ばたける条件が、今の日本人には揃っているのに……。
ファーストリテイリング会長兼社長……23

Chapter－2
大坪文雄
「街まるごと」の取り組みで、復興の役に立つのが我々の存在価値。
パナソニック社長……47

Chapter－3
伊東孝紳
日本は変わった。世界は不変。
震災を第2の開国に繫げたい。
本田技研工業社長 …… 71

Chapter－4
近藤史朗
現地生産、現地販売はますます加速する。
日本企業はそこで必ず強さを取り戻す。
リコー社長 …… 95

Chapter－5
樋口武男
世の中のためになることは何か。
夢のあるビジョンを今すぐ提示すべきだ。
大和ハウス工業会長兼CEO …… 119

Chapter−6
隅　修三
内需拡大の仕組みを、
2〜3年で作る必要がある。
東京海上ホールディングス社長……145

Chapter−7
上田準二
効率化のための一極集中を見直し、
分散化、多様化で、勝負する。
ファミリーマート社長……163

Chapter−8
松尾憲治
直接お客様と会うことで心が通う。
それが満足度を上げる。
明治安田生命保険社長……185

Chapter－9
前田新造
震災支援で社員が再確認。
人が美しく生きるために、我々ができること。
資生堂会長 …… 209

Chapter－10
三宅占二
人と人の絆作りに、貢献するという
ミッションを世界に広げていく。
キリンホールディングス社長 …… 229

Chapter－11
鈴木弘治
経費削減ではなく、経営資源の
組み替えに未来がある。
髙島屋社長 …… 251

Chapter－12
志賀俊之
日本生産にこだわりつつ、
リスクをとって海外市場を開く。
日産自動車最高執行責任者……275

Chapter－13
小林一俊
新たな市場を創る、切り開く。
我々にはまだそれができる。
コーセー社長……297

Chapter－14
宮島和美
「不」の解消という、創業理念を再確認。
美と健康分野で社会貢献を目指す。
ファンケル会長……319

Chapter－15
伊東信一郎
全日本空輸社長……339
世界の格安航空会社参入は需要拡大の好機になる。

Chapter－16
松本南海雄
マツモトキヨシホールディングス会長兼社長……363
超高齢化社会へ「かかりつけ薬局」を地域社会の中核に。

今なぜ「ミッション」なのか

２０１１年３月11日午後２時46分に発生した東日本大震災。いまだその爪跡深く、政治や行政の対応の遅れも顕著で、被災地の復興のめどは立っていない。しかしその陰で、不思議とあまり報道されていないのだが、民間企業を中心とした復旧と被災地への支援活動は着実に進んでいる。

工場の復旧、原材料の調達、生活必需品をはじめとする物流の回復、販売店の再起動、いずれも、当初の予定を上回るスピードで回復が進んだ。

なぜか。じつはそれは、各企業がグローバル化を進める中で、現地化とリスク分散を進展させてきたことが大きい。これまで、「グローバル化が進めば、日本国内が空洞化し、雇用が失われ、人々の生活が崩壊する」という短絡的な見方も多かったが、それはビジネスというものを理解していない人々の妄言である。

右肩上がりの成長はアジアをはじめとする新興市場でとる。国内市場は、より革新的なビジネスを展開し、顧客のニーズにきめ細かに応えていき、かつ、自らのムダを合理化することで利益を創造していく。現在、各企業が進めるグローバル化とはそういうものだ。
そもそも、ただ単に海外に拠点を移し、金儲けに走る企業で永続的な成果を上げているところはない。世界各地で各国企業と過酷な競争を繰り広げ、地政学的、文化的、経済的摩擦に鍛えられてきたこの国の企業が培ってきた「変化対応力」の凄み。「暴動も略奪も起きない」と世界中から賞賛されたが、それは日本人の民族性だけでなく、日常の生活を取り戻すために獅子奮迅の働きをした人々の力あってのものでもあることはもっと知られていい。

私は、3・11以来、各企業のトップを訪ねて歩いている。それは、物書きのはしくれとして、1000年に一度あるかないかといわれてる巨大災害時におけるトップの考え方を人々に伝えることこそが自分の役割、使命ではないのか——という思いからだ。いささか気負った言い方ではあるが、そんな衝動に駆られた。詳しくは本文に譲るとして、いずれの企業のトップも、社員の安否が確認できるや、すぐに被災地支援活動を展開している。ボランティアはもちろんのこと、「本業こそ最大の支援だ」と、人々が求める製品やサービスを送り届ける態勢を、驚異的な速さで復旧させていった。彼ら企業トップとの対話を通して、ひとつのキーワードが浮かび上がってきた。

それは「ミッション」だ。今回の震災を通して、それぞれの立場において、私たちは自らの「ミッション」を問われている。より平易な言い方を許していただければ、「おまえはいったい誰だ?」と問われているということに気づかされたのだ。

企業は、創業から30年もたつと、人が変わり、社会における位置づけも変わる。会社が大きくなって、万を超える社員を抱える巨大企業になることもある。だが、その過程で、いつしか創業時の経営理念や使命感がただのスローガンと化し、つい数字だけを追いかけるようになってしまう。

ところが今回の3・11に直面した各企業は、それぞれ大きな転機を迎えることになった。売り上げや利益はもとより、あらゆる計算や予測など吹き飛ばす大災害を前に、企業だけでなく、そこで働く一人ひとりが、自分の存在、自分の仕事のあり方について、自ら問い直さずにはいられなくなった。

自分たちは仕事を通して社会になくてはならないものを担っている。その先に、商品やサービスを待っていてくれるお客様がいる。取引先がいる。そうした人々のために、自分たちが存在する意味がある——これまで、日常のルーチンの中で忘れかけていたかもしれないが、企業トップから、被災地の支援に奮闘した末端の社員に至るまで、自分たちの仕事なり、自社の社会的使命なりを思い出すこととなった。

もうひとつ注目すべきは、今回の大震災を機に、日本の産業界に「共生」の概念とその具体的な試みが生まれてきたことだ。自動車産業界では節電のための「輪番制」を導入し、コンビニエンスストアや飲料メーカーでは物流の協働化が進んだ。百貨店のようにライバル関係の強い業種でも、お中元やお歳暮の商品の共有化が進んだ。また住宅産業が、住団連（社団法人住宅生産団体連合会）を中心に4万3000戸の仮設住宅建設に奮闘したことなども記憶に新しい。


本書は、3・11以来、各企業のトップがどのような問題に直面し、リーダーシップをとってきたのか、各企業は自社の被災と顧客への支援の狭間でどのような苦悩を抱えたのか、また、現場の社員は自らも被災者となりながら、いかに巨大な危機に立ち向かっていったか、その記録である。

と同時に、これからますます企業経営が厳しさを増す中で、いかに今後起こりうるリスクに備え、永続的に顧客に求められるビジネスを構築していくか、また、熾烈なグローバル競争に打ち勝つためにどんな戦略を練っているのか、それぞれの立場で学びがある生きたケーススタディでもある。

電力不足の中、バックヤードで徹底した節電に努めながら、店舗の看板の明かりを輝かせて人々に安心感を抱かせると共に消費活動の冷え込みによる二次被害を防ごうと奮闘した企業。

各種データや資料は会社の宝。これからどんな災害があろうとも、クラウド化して、津波で流されることも火災で焼失することもないシステムを提供して、人々の仕事を守ろうと動き出した企業。

戦後の創設以来、操業を続けて老朽化し、被災によって移転も考えられた工場を必死に再稼働させ、東北の若者が地元で働ける場所を守り続けようとする企業。

いかなる環境でも、人は「よりよく生きたい」と願う存在であることを痛感し、避難所生活でも快適さを保てるドライシャンプー、ボディーシート、化粧セットを手渡し、有志のハンドマッサージを提供し続けた企業。

経営者自らが東北の販売店や加盟店、契約専門店を回って、その安否を確認していた企業。

かねてより進めていた業務システムの刷新により、現地社員を合わせて、じつに延べ９０００人もの社員の被災地での顧客対応を可能にした企業——。

南北５００キロメートルにもおよぶ自然の猛威による被害を前に、大企業といえども、それら一つひとつの活動は芥子《けし》粒のように小さなものだったかもしれない。しかし、そのいずれもが、人間の可能性と日本人の底力を感じさせてくれるものばかりだった。

私は、講演先で、「日本は本当に復興できるのでしょうか」とよく訊ねられる。巨大地震、巨大津波で被災し、家族や生活、仕事を失った人々が極限状態に置かれていることは言うまでもない。福島第一原発付近の住民も、不安と焦燥からひと時も逃れられない毎日を送っていることだろう。復興どころか、各被災地の瓦礫の処理のめどさえも、まだ立っていない状況である。

「復興できますか」

そう問われた私は決まって、「日本の屋台骨である企業が元気を出して、稼ぎまくる。再び、エコノミックアニマルに戻る。そうすれば日本は必ず復興します」と答えている。そして、頷く相手の方に「しかし、日本が稼ぐことを忘れ、増税と分配だけの議論を行っている限り、復興は無理だと思います」と付け加える。

日本の現在の名目GDP469兆円（2011年1～3月期）は、1991年度の名目GDP（473兆円）とほぼ同じ水準である。つまり、日本は約20年前から成長がストップしているのである。日本経済の「失われた20年」は現在なお、進行中なのである。この調子でいけば、「失われた30年」にもなりかねない。

経済が伸び悩む日本を尻目に、中国は急成長を遂げ、2010年にはとうとう日本のGDPを追い抜いた。一方、アメリカの経済も成長を続け、GDPは14兆ドル規模にまで拡大した。EUも、ギリシャなどの財政が深刻化する以前の10年間は、とくにドイツを中心に成長した。

要するに、日本だけが置いていかれてしまったのだ。

しかも、日本の借金は900兆円に膨らみ、1000兆円に達するのも時間の問題となりつつある。日本がこの状態を脱却するには、大震災があろうとなかろうと、もともと「稼ぐこと」しかないのである。大震災によって、その事実がよりいっそうはっきりしたものとして私たちの前に突きつけられた。

だからといって、企業が単なるプロフィットセンター（収益センター）になればいいというものではない。かつて故・松下幸之助が看破したように「会社は社会の公器」なのである。その視点を失った時、企業はグローバル市場の中で埋没し、国内市場の中で国民から見捨てられるようになっていくであろう。

私たちは、3・11で日本の「現場力」を再認識した。

そして、私たちが失いかけていた「共生」「協調の精神」を取り戻した。先にも簡単に触れた産業界内部の協働。また、多くの日本企業がボランティア活動要員を募り、東北の被災地へ送り込んだり、社員や従業員を被災地の避難所へ派遣し、自社商品やサービスを提供したりしたことなどもそうだ。

苦境をじっと我慢する強靭な忍耐力といい、互助精神といい、協調性・規律性の高さといい、これらのすべてが外国から称賛を受けた。だが、震災とはかかわりなく、もともとこれこそが日本人の「強み」であり、「日本企業の競争力の原点」であったのだ。日本企業はただ儲けることが得意ではない。人に感謝されて利益をいただくことこそ、日本企業の真骨頂なのだ。かつて、日本企業が世界を席巻した時の私たちの強みは、そこにあったのだ。

ある経営者は、3・11への支援活動を一種の「CSR（企業の社会的責任）」と言った。しかし、そんなアメリカ型経営からくる言葉を使わずとも、企業は社会の公器、社会の機能であり、地域や国に貢献する存在であることを日本企業と日本人は昔から熟知している。

日本を復興させるには、まず本業を立て直し、堂々と「稼ぐ」ことである。企業が早期に成長軌道に戻り、大きな収益を上げる以外に、日本の復興も再生もありえない。また、さらに少子高齢化が進み、生産年齢人口が減っていくこの国を支える力にもなりえない。

人々に感謝される商品を、サービスを提供し、お金を稼ぎ、雇用を生み出し、納税し、地域を復活させる――これができるのは企業しかない。

私は今まで500人以上の経営トップに会い、インタビューを行ってきた。私の会った経営者は、それこそ創業経営者、同族経営者、サラリーマン経営者、女性経営者、ベンチャー経営者など、さまざまな経営者たちである。そんな経営者に私は、事業についての考え方、経営ビジョン、世界観、歴史観などを問い続けてきた。その問いの根底に流れるコンテクストは、社員とその家族を支える会社社長としての「ミッション（使命）」であり、国や社会の一端を担う経営トップとしての「ミッション（役割）」だった。

前者のミッションは経営トップであるかぎり、果たさなければならない必要不可欠なものである。その理由はもちろん、収益を上げ続けなければ、従業員の生活の安定も、株主へのリターンも、社会への貢献も、先行投資もできないからだ。その意味で、企業を継続的に成長、発展させることがトップの最大のミッションであることは論をまたない。

それに比べ、経済・社会への貢献は、副次的なミッションであるといっていいだろう。ところが日本の経営者は前述のとおり、会社は社会の機能であり、社会の公器であることをDNAとして植えつけられているだけに、自然と、国や社会に還元することに配慮する。

これら2つは、不可分のものである。前者のない後者は、時にただの自己満足経営になりかねないし、後者のない経営は、一歩間違うとただのグリード（強欲）経営に陥って、結局ビジネス自体が立ち行かなくなるだけだ。

私は3・11が発生したとき、すべての経営者は今こそ、自らの考えや想い、復興ビジョンを社内外に発表する義務があるのではないかと思った。それが、今、日本の復興を左右する企業経営者としての第一のミッションではないかと考えたからだ。

アメリカの企業などは、CSR、コンプライアンス（法令遵守）も、実施すること自体より、活動を見せることに価値を置く傾向が強い。「10万ドルの寄付活動を100万ドルのTV広告で宣伝する」といわれるくらいだ。

それに対し、日本企業と日本人経営者は、その伝統的な美学からか、経済・社会への貢献という副次的なミッションについてあまり語ろうとしてこなかった。だが、これまで理念を語らずにいたことが、その企業の中で創業の理念への思いが弱まり、数字だけを追う体質に変わってしまう最大の原因であると私は考える。

私たちはいま、間違いなく時代の転換点に立っている。「日本企業らしさ」を取り戻し、このグローバル競争の時代に独自性を発揮して生き残れるか。東日本大震災の被災から立ち直り、日本を笑顔に満ちたよりよい国にしていけるのか。そのためには、企業とその経営者たちが原点に立ち返り、業績や利益のみならず、この社会に共に生きる存在として、なにを思い、なにを大切にし、どのような未来を実現したいのか、より積極的に発信していくことが必要不可欠であると私には思えてならない。

3・11をどう受け止めたか。また、3・11で得られた教訓は何か。3・11で認識したことは何か。3・11から未来を見つめるとどういう経営ビジョンが描けるのか——。私は、そうした問題意識と共に16社の経営トップを訪ね歩き、その生の言葉に耳を傾け続けた。いずれの経営者も、ときに感動し、ときに怒り、ときに苦悩の色を浮かべながら、私の質問に答えてくださった。

3・11が私たちに教えてくれた最大のことは、この社会は、私たちが考える以上に複雑に繋がり合っていたという事実ではないか。私たちの仕事は、生活は、思いもよらない人々と繋がり、また支えられて成り立っている。誰かに手を差し延べることは施しなどではなく、誰かを助けることで、私たちは自分たちの存在意義を確認することができ、稼ぐことができる。稼ぐことで、家族を、そして仲間を守ることができ、地域や社会に貢献できる。

ユニクロの柳井正さんが語った言葉が、私の耳に強烈に残っている。
「さすがに、企業も国民も、『もう人には頼れない。自分で何とかしなければならない』『自分のことは自分で守り、希望を持って一生懸命働いて稼ぐしかない』と認識する機会となったのではないか」
と。

いま日本は、戦後最大の難局に直面している。この苦難を乗り切るには、社会の屋台骨である日本の企業が、元気を取り戻して稼ぐしかないと考える。稼いで、稼いで、稼ぎまくる。そうすれば、景気がよくなるだけでなく、税収の自然増に繋がる。復興資金に回せる。残念ながら、政府やマスメディアは、増税と分配の議論をするばかりで、肝心の「稼ぐこと」への意識が希薄である。これでは復興などおぼつかない。

誰かの働きに頼るだけの人、誰かの財布でそろばん勘定をするだけの人はもういらない。必死に汗を流して働く一人ひとりが、日本の復興を成し遂げ、新しい日本を作り出していく。

夢を持とう。志を持とう。目標を持とう。チャンスはあらゆるところに存在し、夢・志・目標があるかぎり、そうしたチャンスはあらゆる機会に訪れるようになる。不屈の精神で挑戦する人々が、一人、また一人と増えていくことで、日本は必ず復興し、明るい社会がやってくる。私はそう確信している。

今回、ご登場いただいた16人のトップの方々は、本業と震災対応で多忙の中にもかかわらず快くインタビューに応じてくださった。さらに、講談社第一編集局長の出樋一親氏には、貴重なアドバイスとともに、多大なご指導を賜った。『セオリー』編集部には、原稿執筆の便宜を図っていただいた。ともに心から感謝申し上げたい。

なお、末筆ながら、本書に登場した方々の敬称は、本文中はすべて略させていただいた失礼をお詫びしたい。

２０１１年11月

大塚《おおつか》　英樹《ひでき》

柳井 正

ファーストリテイリング会長兼社長

グローバルに羽ばたける条件が、今の日本人には揃っているのに……。

Chapter - 1

●やない・ただし
1949年山口県出身。早稲田大学政治経済学部卒業後、'71年ジャスコに入社、'72年父親の経営する小郡商事（現ファーストリテイリング）入社。'84年に社長。『ユニクロ』という店名でカジュアルウェア小売業に進出。'98年1900円フリースで一世を風靡する。2002年に会長、'05年から社長を兼務する。

震災で政府や行政が実行したことは何一つない

「日本の国民性は勤勉だといわれていますが、それは錯覚です。たとえば、会社員。確かに、日本の会社員は会社に長時間います。でも、それは勤勉だからとは限らない。彼らは、会社にいることが仕事だと思っているのです。日本のホワイトカラーの生産性は低い。断言しますが、海外の現地採用の人間のほうが日本人より勤勉で、よく勉強しますよ。

錯覚といえば、日本人が自分たちを金持ちだと思っているのも同じです。フローの部分で、物質的にちょっと豊かになっただけなのに、『世界有数の金持ちになった』と錯覚してしまった。それで現状に満足し、成長しようと考えなくなった。ここに日本の悲劇、すなわちバブル崩壊後の20年間の『経済敗戦』の真の原因があります」

インタビューの途中、日本人の勤勉さに話が及ぶと、ファーストリテイリング（以下ＦＲ）会長兼社長の柳井正の口調はにわかに厳しくなった。

深刻なデフレ不況の中、カジュアル衣料品「ユニクロ」を展開するＦＲは堅調である。

２０１１年８月期決算の連結売上高は、前年同期比０・７％増の８２０３、営業利益は同12・1％減の１１６３億円、純利益は同11・９％減の５４３億円。営業利益率は14・２％。日本の製造業の中で突出している。

この業績に大きく貢献したのが、防寒性の高い「ヒートテック」や軽量ダウンジャケット「ウルトラライトダウン」、夏の機能性インナー「シルキードライ」などのヒット商品だ。また、海外のユニクロ事業も、11年8月期の営業利益は前年同期比40％増と、大幅に拡大している。11年10月、ニューヨークソーホー、ロンドン、パリ、上海、大阪心斎橋、台北に続く7番目の旗艦店をニューヨーク5番街にオープンした。さらに、買収して傘下に入れたアメリカの人気ブランド『セオリー』、新規市場として参入した低価格ブランドの「ジーユー」なども、業績を伸ばしている。

そんなＦＲも、今回の震災で一時は約１６０店舗が営業を中止するなど被害を受けた。被災店も、復旧工事を終え、ショッピングセンター内にある一部の店を除き、ほぼ復興している。

注目すべきは、柳井が東日本大震災３日後の３月14日にＦＲグループ会社全体で３億円、全世界の従業員から募った1億円、柳井個人で10億円の義捐金を被災地へ送ると発表したことだろう。柳井の迅速な社会貢献活動への意思表示と事業家としての篤実な人柄は世間に好感を持たれた。

日本を制し、世界市場でも成功しつつある柳井――。特徴は、２代目として果敢にイノベーションを断行し続けていることだ。家業の紳士服店をカジュアル店に変え、さらに郊外のセルフサービスの大型店へと進化させた。事業を、従来のメーカーがデザインした商品を売る「委託販売」から、デザインに始まり生産、販売に至るまですべて自社で賄う「製造小売業」へと革新した。

それだけではない。フリース、ヒートテック、ブラトップなど、次々にそれまで存在しなかった新しい商品分野を開拓し、マーケットを創造した。ついには、日本の枠を超え、H&M、ZARA、GAPをはじめ、世界のトップ企業と伍して闘う日本の代表企業にまで登り詰めた。こうして、父親の代には年商1億円程度でしかなかった家業を、売上高8000億円の事業にまで成長させたのである。

そんな柳井に、3・11と日本と日本人のこれからについて訊ねた。

――大塚　柳井さんは、いち早く義捐金10億円を被災地へ送られた。その後しばらく経ってから楽天の三木谷浩史さんが10億円、ソフトバンクの孫正義《そんまさよし》さんが100億円の義捐金を送ると発表しました。

柳井　僕はずっと前から、「そろそろ僕も人生の終盤が近いので、何か社会に貢献できることはないかな」と思っていた。そこへ、大震災が発生した。まさに望まれているときだと思い、義捐金を送ることにしたんです。僕が最初にやったのは、最初にやれば後に続く人が必ず出てくるだろうと思ったからです。

だから、僕の10億円のほうが孫さんの100億円よりもインパクトがあったと思います。あの100億円を誘発したのは、僕の10億円なのですから（笑）。

――大塚　柳井さんは、3・11をどのように受け止めていますか。

柳井　企業も国民も、政府をはじめとした関係者の対応ぶりをみて、「もう政府や行政には頼れない」と思ったのではないでしょうか。

震災で政府や行政が実行したことは何一つありません。いまだに（2011年9月現在）、国内外から集められた支援物資は被災者全員に行き渡っていない。義捐金も、総額約3000億円のうち、11年9月時点で、まだ4割程度しか配られていないと聞きます。仮設住宅も、当初計画の7万2000戸から5万戸に変更された。それも、住みたい人はクーラーもテレビも、自分で用意しろということでした。

原発事故による災害でも、政府の対応は後手に回っています。

さすがに、企業も国民も「もう人には頼れない。自分で何とかしなければならない」と思い始めたのではないでしょうか。僕のようにはっきり言わないだけで、「もう誰にも頼れない」と言っている経営者は多いですよ。

「自分のことは自分で守り、希望を持って一生懸命働いて稼ぐしかない」と国民が認識するいい機会になったのではないでしょうか。

――大塚　震災では日本人の美点が海外の人々から評価されました。ものづくりサプライチェーンの早期の復旧を支えた日本人の納期に対する厳しい責任感とチームワーク、創意工夫と現場力、また自ら被災しながらお客に迷惑をかけられないと事業を続ける経営者や従業員……。日本は素晴らしいと。

柳井　一方で、よくないことも行われていた。大事なのは、単なる復旧復興ではなく、新しい日本を創ることなのです。経済の活性化なのです。しかし、今回の震災ではその逆のことがやられていました。

たとえば、程度を超えた自粛や自主規制がそうです。繁華街の商店は看板の照明を消し、百貨店は営業時間を短縮しました。テーマパーク、遊園地、ゴルフ場なども軒並み、自主規制で営業時間を短くしたり、施設を休止したりした。しかし、そんなことをやっていたのでは日本経済は活性化どころか、復興もできない。われわれビジネスマンは稼ぐことが使命です。働いて金を稼いで生活を豊かにする。金が回るようにして、日本の景気を上向きにしていく。

現在の状況は戦後の焼け跡に戻ったようなものです。再び、高度成長に向かう気持ちで働かなければ復興はできません。


――大塚　震災の後、ユニクロでは夜、看板の明かりをつけていました。


柳井　そうです。われわれの店はロードサイドが多く、看板の照明を落としてしまったら、営業していないと思われる。それではお客様が来店してくださいません。

店舗はモノを売る場所なのです。お客様が入ってこられない限り、モノは売れません。小売業にとって、看板に明かりをともすことはメーカーがラインを動かすのと同じ意味なのです。「お店は開いていますよ。入ってきてください」というサインが看板の明かりなのです。

小売業が看板の明かりを消すのは、僕は絶対に反対です。お客様に、「営業停止している。入らないでください」と言っているのと同じ意味ですから。

かといって、決して、節電をしないというわけではありません。看板の明かりはつけますが、ほかのところで節電をしていました。たとえば、バックオフィス（事務所）の照明は落とし、店内の明かりは抑えて節電していたんです。


――大塚　通行人から「どうしてユニクロは消灯しないんだ」と

文句を言われませんでしたか。

柳井　言われました。それで僕は店長たちに指示しました。もしも通行人から文句を言われたら、「われわれはこういう考えでやっています」と言う。納得してもらえなければ、「これはわれわれの生存権の問題です。商売としてこういうふうに考えています」ときちんと説明する。それでも納得してもらえないときは、店内に入ってもらい、照明を落としている様子をお見せしなさいと言いました。

――大塚　**政府の自主規制の呼びかけには、日本の企業や国民は素直に従います。それも横並び思想でやる。**

柳井　「隣の店が看板の照明を消したから、うちも消そう」「商店街のほとんどが早めに店を閉めるから、うちもそうしよう」

この横並び思想は日本人独特だと思いますよ。日本人は、人と違うことをやることを極端に怖れる。自分の頭で判断して、自分で結論を出すことをあまりしない。本来、人間は一人ひとり、性格も考え方も違う。企業も同じで、業種、歴史、経営者の考え方は全部異なる。にもかかわらず、隣の人の行動に左右される。情けないと思います。

政府は問題の本質だけを言い、やり方は民間に任せればいい。節電が必要なら、そのやり方は個々人に任せる。政府が民間に、「ああやれ、こうやれ」と指示するのは先進国では日本だけでしょう。

今、必要なのは、国民が自分たちの仕事を一生懸命やって稼ぎ、豊かな生活をすることだと思います。それが復興に繋がる。ところが、今の日本は、国民全体が政府の言いなりになる公務員になっているかのような国と化している。僕らは公務員じゃないと言いたい。

――大塚　国民はみんな、日本は必ず復興すると思っているでしょう。

柳井　復活や復興ではなしに、新しい日本をつくらないといけない。日本はバブル崩壊からリーマン・ショックに至るまでの間、経済敗戦に次ぐ敗戦を続けてきました。そこへ大震災が襲ってきた。まさに戦後の焼け野原と同じような状況になってきたわけです。

今こそ、日本は生き延びるためにどうすればいいのかを考えないといけない。「昔の日本に返ろう」みたいなことを言う人がいますが、それは違う。返るのではなく、新しい日本をつくることです。昔の人たちも、明治維新は明治維新、終戦後は終戦後という状況の中で、新しい日本をつくろうとしたと思います。

――大塚　今の日本の人たちに、新しい日本をつくろうという気概はみられませんか。

柳井　日本は経済的に豊かになり、日本人はみんな中産階級になったと錯覚しています。

実は日本は豊かになんてなっていない。ある都市銀行の役員の人が僕に、「年収は20年前の課長時代とほとんど変わっていません」と語っていました。

少し前まで、仕事のできる人は、年収1000万円ほどありました。しかし、このままの状況が続くと、10年後には明らかに300万、400万円に減るでしょう。これまでは為替の変動のおかげで収入は上がったように思ったのでしょうが、生活水準は上がっていません。

アメリカも50年代、60年代には、国民はみんな、中産階級になったと思っていた。しかし、ある日突然、そうじゃないことがわかった。中産階級でも下層階級に近い中産階級だったことに気がついたのです。日本の国民も、ある日突然、下層階級だったことに気づく日が来るのではないでしょうか。

――大塚　若者は稼ぐどころか、海外旅行へ行くことさえも避けています。

柳井　私が最も不満なのは、若い人たちが「望み」を持っていないことです。「良い生活をしよう」「お金を儲けよう」「自分を成長させよう」といった将来への意欲が乏しいですよね。

現状維持や安定志向では、人は成長できず、実は現状や安定さえも保てません。「部長になれればいい」と言う人は絶対に部長になれない。その程度の望みだと、せいぜい課長止まりというのが現実です。

安定を望めばそのまま安定できるほど、現実は甘くない。世界中で、たくさんの会社や個人が、生きるため、成長するために必死でがんばっています。日本人だけがのほほんと毎日を送れるわけはありません。

——大塚　では、日本を豊かにするには、何をどうすればいいのでしょうか。

柳井　まず望みを持つこと。その実現に向けて一生懸命努力する。それ以外ないでしょう。

先日、アジアのある優良企業を訪ね、そこの女性経営者に会いました。今では国を代表する超優良企業になっていますが、彼女はもともとは店で売り子をやっていたのです。女性経営者は、「私は、13歳のころから毎日、学校から帰ると父親の営む店で品物を売っていました」と言う。ある日、父親が故紙をゴミ箱に捨てるのを見て、彼女は、「故紙を回収して再生紙をつくれば、世の中に役立つと思った」と言う。40年前に、店で物を売っていた少女が、一生懸命に働いて、今では国一番の大金持ちになった。

がんばれば、人生を変えられる。しかし、その反対になる可能性もある。何もしなければ確実に衰退していきます。

——大塚　柳井さんは、安定を拒み、過去を否定し、イノベーションを続けてきました。商店街の紳士服店からカジュアル店、郊外のロードサイド店、さらに自ら企画し、

作って売る製造小売業（ＳＰＡ）に変化させてきました。

柳井　そうです。私自身、町の小さな洋服屋からＳＰＡを起こし、グローバルで展開するようになりました。汗をかいてやってきました。

若い人は、今の貧乏な現状でいいのですか。将来がなくていいのですか。やはり、豊かにしないといけないでしょう。国も、企業も、個人も、みんな豊かにならないといけない。日本人は、危機感がないと思いますよ。

なぜ銀座に日本の店が進出しなくなったか

――大塚　さて、どうすれば柳井流の生き方ができるのでしょうか。

柳井　まず自分の可能性を信じることです。「これはできるに違いない」と考えて努力するんです。

日本人は「無理だろう」と諦めから入りがちな国民です。ところが、アメリカ人はできそうになくても「イエス・アイ・キャン」と言う。なんとか実現しようとトライするんです。

僕は現実主義者であると同時に、超楽観主義者でもあります。ほとんどの人は、あれこれ考えて「できない理由」を探す。「自分の能力では無理」「この分野は大企業がやっている」「すぐに儲けが出ない」……という具合に並べていって、結局は何もできません。

でも僕は、「これは難しいけれどもできる」と発想する。実現したいなら、具体的に何をすべきか。その方法を考えることから始めます。

――大塚　しかし、普通の人がそこまで自信を持って考えるのは難しいと思います。

柳井　いや、今の日本では、普通の人こそ「できるんだ」という姿勢でいなければいけません。経営やビジネスは、一人でやるわけではない。社員も取引先もお客様もいます。そういう周囲の人に「ここまでできると信じ込んでいるのなら、本当にできるかも」「だったら協力しようか」と思われなければならない。逆に言うと、そうやって応援されれば不可能そうなことも可能になるんです。

――大塚　柳井さんから見て、日本に応援したくなる良い会社はまだありますか。

柳井　たくさんあります。問題は、そういう良い会社の人たちの多くが、自分の会社を良いと思っていないことです。

震災ショック、原発事故ショックに見舞われていますが、本来、日本ほど、エキサイティングなチャンスが訪れている会社が多い国は、他にないと思います。世界経済を引っ張っている中国に非常に近く、しかも土木、道路、交通、通信、空路、教育など、すべてのインフラが整って、潤沢な資金、教育水準の高い人材、そして良い自然環境に恵まれている。グローバルに羽ばたける最高の条件が揃っています。

——大塚　やはり、グローバル化は必須でしょうか。国内市場だけでサバイバルできる企業もあるのではないですか。

柳井　いや、世界展開はどの分野でも必要です。日本の人口が減る中、海外に出なければダメです。まだ国内依存が強い会社も早く、グローバル化すべきです。遅すぎることはありません。

わが社が生まれた山口県宇部市は、炭鉱で栄えましたが、炭鉱が閉鎖されてからは学校が廃校になったり、商店街がシャッター通りになったりして、地域経済が大打撃を受けました。食っていくには外へ出るしかなかった。僕らも地元に市場がなかったので、広島、福岡、大阪、名古屋、東京など、よその大都市で稼ぐしかありませんでした。

結果的にはそれがよかった。地元に多人数のマーケットがあったら、こんな成長はなかったでしょう。

——大塚　FRは初めからグローバル体質だったのですね。

柳井　そうです。宇部から東京へ出るのと、東京から上海やニューヨークやパリに出るのとで、感覚が変わらなかったんです。いや、ある意味で、宇部の商店街から東京の原宿に出て行くときのほうが、ニューヨークへ進出するときよりも覚悟が要りました。市場というものに、もはや国内外の区別はありません。

日本でも、外国の企業とまったく同じ土俵で闘う時代になりました。09年、東京・銀座の新築物件のテナントとして、ユニクロの出店を申し込んだときのことです。12社が申し込んだ中で、日本企業は僕ら1社だけ。残りの11社はH&M、ZARA、アディダス、フォーエバー21など、すべて外国企業でした。

各国のカジュアル衣料の代表選手が熾烈に競争していることの象徴ですが、舞台が日本を代表する商業地・銀座なのに、参戦する日本企業は他になかった。「これは問題だな」と思わざるを得ませんでした。

しかし、別の見方をすれば、今は世界のどこからでも、こうして競争に参加できる。日本からも、きちんと戦略を立てて資源を投入すれば、外国でビジネスを伸ばすことが十分可能です。これがグローバル化というものです。

――大塚　ユニクロの成功要因である製販の現場についてお伺いします。ユニクロという「店」そのものをも売り込んだ柳井さんは、店長を「経営者」と規定し、店舗運営の権限を与えています。

柳井　そう。店長は「社長の代理」なのです。

小売業にとって一番大事な判断を下さなければいけないのはお客様との接点の部分なのです。お客様との接点である店長の業務には、経営者になるうえで必要な要素すべてが求められます。現場で動き、考え、陣頭指揮を執れる人間でなくてはいけない。

店長は社長の代理として、人の採用から勤怠管理、人事考課、商品構成、商品の陳列、棚の配置などに至るまで幅広い権限が与えられています。それだけに店長の能力次第で店は良くも悪くもなります。

店長の中には、本部の指示どおり実行していればいいと錯覚している人がいます。指示の本質を考えないで、形式だけにとらわれていると店の将来はありません。本部はこう指示するが、他にもっといいやり方があるのではないか。どういうやり方をすれば本部の掲げる目標を体現できるのか。店長は、常に考えないといけない。

僕は自分の経験から、店長は会社の主役であり、知識労働者だと考えていました。だから店長が店長としての仕事を全うすれば、本部にいるより高収入が得られるような仕組みを作ったわけです。これは、店長が出発点であると同時に、店長が最終目標になる、ということです。そうでないと小売業は繁栄しません。だから、ＦＲグループでは、店長職は「出世の一プロセス」ではなく、誇りを持って一生続けていける職種として位置づけられています。

――大塚　柳井さんは昔から店長に「残業するな」とおっしゃっています。

柳井　店長は、効率を考えて時間内で仕事が完結できるよう考えなければいけない。与えられた時間内で成果を出すのがプロです。また、仕事に熱心なあまりサービス残業（無給残業）をするケースも過去にありましたが、店長がサービス残業をやっていたら、会社は崩壊します。サービス残業というのは、会社がタダで労働力を使うことでしょう。つまり、「君の労働力はタダか」ということになる。それでは、いい店にはできない。もっと自分の仕事に対して誇りを持たないといけない。

FRグループでは、サービス残業をやった店長に対しては、懲罰委員会にかけたり、資格を取り上げたりするなど、厳しい処分を行うようにしています。

――大塚　以前、柳井さんは、ユニクロの海外店で夜遅くまで残って仕事をしているのはたいてい日本人だけだと嘆いておられた。海外に赴任させたのは、店員の仕事をさせるためではなく、現地でマネジメントをさせるためなのにと……。

柳井　そうです。社員を海外に送り出すのは、商品整理をやらせるためではなく、店長以上の、たとえばスーパーバイザーとかブロックリーダー、あるいは経営者の一員としての役割を果たしてもらうためなのです。ですから僕は、「単なる販売員をやるのなら、帰って来い」と言っていますよ。

それに、海外ではどこの国でも、強い階級制度や差別風土があります。一人残って商品の整理をやっているような管理職なら、従業員は指示されても指示どおり動かないでしょう。管理職というのはボスでなければならないので、逆に、「この管理職、大丈夫かな」と思われる。

管理職なら、まず時間どおり仕事を済ませるように作業を割り振る。時間どおりできなかったら、管理職自らが行うのではなく、従業員にやらせないといけないのです。できる店長とできない店長の違いは、できない店長は、自分ひとりでがんばる。自分ひとりの理想の店をつくろうとする。それに対して、できる店長は全従業員と一緒になって仕事をする。店員のそれぞれの立場を考えて、仕事を割り振っている。

——大塚　次に、生産のグローバル化についてお伺いします。生産委託している工場は中国を中心としたアジアの新興国にあります。成功の秘訣は何でしょうか。

柳井　まず、「上から目線」で出て行かないことです。日本企業は、昔の中国やアジアの姿しか知らない。ところが、アジアの新興国はこの20年間著しい成長を遂げています。

ところが、日本人はいまだに日本の技術、情報が世界一だと錯覚しています。もし、世界一なら、日本の電機・通信メーカーの中から、グーグル、アップル、インテル、マイクロソフトに匹敵する会社が現れなければならないけど、一社もない。

とすれば、相手が優れた企業なら、謙虚に「教えてください」と言わないといけない。日本の会社のほうが大きいので、「商品を買ってやる」とか「商品をつくってやる」といった目線になるのでしょうが、それでは信頼関係は築けません。

やはり、相手を敬う気持ちがないといけない。僕以外の日本人経営者は、ビジネスパートナーである中国人経営者を尊敬していないと思います。

僕は、中国でいろいろな工場を見て回り、自分が尊敬できる経営者のところとしか取引をしませんでした。中国の縫製工場で生産し始めたころは、中国内で国有企業が払い下げられていた時期で、村の青年団長のような人が工場の経営を行っていました。繊維産業のことは何も知らない人たちなので、「こうすれば、もっと上手に良い商品がつくれます。経営でもこういう方法を採り入れるといいですよ」などと、いろいろアドバイスをしてきました。

その結果、同業他社から、「中国工場におけるユニクロの品質管理は素晴らしい。とても太刀打ちできない」と言われるまでになりました。つまり、ユニクロは中国の縫製工場と一緒に成長してきたわけです。

——大塚　大事なことは、お互いに信じること。

柳井　信じるというよりも、お互いに尊敬できる相手と一緒に成長しようとしてきた結果でしょうね。優れた商品を生み出すのは、技術でもなければ、工場設備でもない。経営者同士の、「いいものをつくりましょう」という熱意ですよ。

「ユニクロに続け」と、われわれのまねをする日本企業がずいぶんありましたが、みんな、「中国でつくれば安くできる」と勘違いしているところばかりでした。確かに安くできるかもしれませんが、出来上がった商品が「安くても売れないもの」ばかりでは意味がないでしょう。

今、日本でも供給過剰が一番の問題だと言われていますが、経営者が自ら供給過剰を起こすようなことをやって、「売れない、売れない」と言うのは理解できません。

中国人のすごいところは、一度約束したことは百パーセント守ることです。もちろんこれは優れた経営者に限ってのことですが。日本人はそのへんが非常に曖昧です。契約概念がないため、「約束したことと少し違っていても、これぐらいなら勘弁してくれるだろう」などと甘いことを考える。

でも、それは、国際社会では通用しません。お互いに、「契約したものは契約どおりにやります」という当たり前の誠実さをもって仕事をすることが大事なのです。

商売人は契約どおりやっていくことが必要だと思います。たとえ、そのときは損をしても、次に自分が不利益になったときに相手はよくしてくれますからね。

――大塚　ユニクロは中国の工場に、技術者を派遣して品質管理の徹底化を図る一方、外部の専門機関による監査を実施し、

従業員の労働実情をチェックしているようですね。

柳井　はい。厳しくやっています。

僕がその前に言いたいのは、約70社ある衣料工場の経営者はわれわれと一緒に成長したということです。中国に大半があるこれらの工場は、いずれもその多くが国有企業を払い下げした郷鎮《ごうちん》企業（筆者註：中国の郷《村》と鎮《町》における中小企業。村営、私営などさまざまな形態があり、市場経済化のなかで飛躍的に発展）で、香港や上海に上場を果たしている優れた経営者なのです。このうち、代表的な経営者が中洲《しんしゅう》國際集團控股有限公司の馬建榮さんと、晶苑《クリスタル》集團の羅正亮さんで、お二方とも中国の国会議員に相当する人民代表になっています。

経営者としてお互いに尊敬できる経営者。高品質の製品をつくることに情熱を持った工場長。その人たちと一緒になって初めて、われわれは世界中のどこででも認められる高品質のものを中国で大規模につくれるようになったのです。当時、日本の繊維産業は斜陽産業で、経験豊富な優れた技術者が、その技術を伝承する相手もなく引退を余儀なくされていました。それこそ職を失った優れた技術者がたくさんいました。その人たちに中国へ行ってもらって、技術指導と工場指導をしてもらったわけです。

——**大塚**　中国の低賃金がユニクロの成長を支えている。

それも従業員は酷使され、長時間残業を強制されている、と言われています。

柳井　僕は、その反対だと思います。というのは、中国の労働者の多くは昔の日本人と同じで、残業を望んでいます。少しでも多くのお金を稼ぎ、豊かになりたいからです。一方で、労働環境については非常にシビアに見ています。従業員を低賃金で酷使したり、残業手当を支払わなかったりしたら、売り手市場の雇用状況の下、必要な従業員数の維持すらできなくなり、工場は破綻します。ただでさえ、労働者にとって繊維産業は労働集約型で地味なイメージが強く、人が集まりにくいから、余計ですね。

——大塚　最後に、すべての日本人に対してメッセージを。

柳井　日本の会社は、人、モノ、金、技術、情報とすべての条件が揃っています。世界中に市場は広がっており、その可能性は無限大だと考えて、グローバル化を進めれば、実は日本企業が成功する可能性は高いんです。まして目の前には、中国やアジアなど現代で最も大きなポテンシャルを持つ地域があるのだから、悲観する必要はまったくありません。がんばって、成功を目指す人の前に、かつてない巨大なチャンスが待つ。そんな時代が訪れつつあるのです。

大坪文雄

パナソニック社長

Chapter-2

「街まるごと」の取り組みで、
復興の
役に立つのが
我々の存在価値。

●おおつぼ・ふみお
1945年大阪府出身。関西大学大学院工学研究科修了後、'71年松下電器産業入社。'95年にオーディオ事業部長につくまで一貫して製造事業を担当する。2006年第7代取締役社長に就任、「衆知を集める全員経営」を標榜、'08年に社名変更しブランド統一、'09年に三洋電機をグループ会社化。'18年の創業100周年にエレクトロニクスNo.1の「環境革新企業」を目指すことを打ち出す。

創業者の凄さは、戦後復興への思いを即実践したこと

「3・11で被災した工場を回って、私が感銘を受けたのは、やはり工場の従業員一人ひとりの志の高さ、明るさ、元気さでしたね。従業員はみんな、一刻も早い復旧のために強い責任感を持って、明るく元気に行動してくれていましたからね。

また、当然のことのように地域への貢献に一生懸命努めている従業員の姿にも胸を打たれました。工場に届いた食料品や衣料品を、近隣と等しく分け合う姿勢は、どの工場も共通していて、一つの経営理念を拠りどころとするパナソニックらしい行動を取ってくれたことを誇りに思いました」

パナソニック社長の大坪文雄は、震災から約1ヵ月後東北の各工場を回った感想をこう語った。

パナソニックは、3・11によって東北にある山形工場、仙台工場、福島工場、本宮工場の4つの工場が被災した。デジタルカメラのレンズ、SDカードなどをつくっている山形工場は比較的軽微だったが、DVD、CDなどを生産する仙台工場、デジタルカメラをつくる福島工場、電子部品をつくっている本宮工場の3工場は、壁が崩れ、設備機械が移動し、天井パネルが落下する

など、大きな被害を受けた。

しかし、工場従業員の懸命の復旧作業で、数週間後には通常の操業再開にこぎつけている。被災による営業利益への影響としては600億円の損失を計上した。

被災地への支援活動としては、震災翌日（3月12日）に3億円の義捐金と、ラジオ1万台、懐中電灯1万台、乾電池50万個を被災地へ寄贈したほか、追加支援として3月中にソーラーランタン4000個を寄贈した。また、ソーラーパネルと蓄電池を搭載した独立型電源システムであるライフイノベーションコンテナを南三陸町に設置した。


パナソニックは、2012年1月、組織の大改編を実施する。すなわち、本社と、完全子会社化したパナソニック電工と三洋電機の3社を事業ごとに解体して、新たな事業ドメイン（領域）に再構築し直す。具体的には、現在16ある事業ドメインを、9ドメイン、1グローバル・コンシューマー・マーケティング本部に再編して、新たなスタートを切るという。再編の目的は、ソリューション提案型のビジネス「まるごと事業」を成長の柱にしていくことにある。この「まるごと事業」は、家のみならずビル、さらには街「まるごと」をも含む。環境に優しい、より安心安全の生活を実現すること、あるいはエネルギーの地産地消に貢献するものである。

今回の再編は、大坪が下した3度目の大決断である。06年6月、前任の中村邦夫《なかむらくにお》現会長からバトンを受け、社長に就任した大坪は、経営改革に邁進してきた。中村は、「創業者の経営理念以外、改革に聖域はない」という信念に基づいて、「破壊と創造」を掲げ、事業部制の解体、グループ企業の解体・再編、1万3000人に及ぶ早期退職など、矢継ぎ早の構造改革を断行した。長く収益の低迷が続き、ITバブルの崩壊が重なり、4310億円もの巨額赤字（02年3月期）に陥った業績をわずか数年でV字回復させた。

そんな、「中村改革」を継承した大坪は、「パナソニック」への社名の変更とブランドの統一（08年1月発表）を、さらに三洋電機の買収（10年7月発表）という思い切った決断を下した。今度の再編は、3度目の大きな決断ということになる。

大坪に、3・11とパナソニックの経営ビジョンの関連を訊ねた。

――大塚　大坪さんは、震災直後の11年4月に東北の被災工場を回っています。いかがでしたでしょうか。

大坪　一言で言うと、モノづくりの現場に携わっている社員の復元力、責任感、使命感に感激しましたね。
私が入った仙台地区では、震災直後、住民の方々はみんな、学校のグラウンドへ退避されたわけですが、そこの責任者が、余震が続いていること、交通信号が動いていないこと、道路が渋滞していることなどから、移動するのは危険と判断して、帰宅時間を遅らせるよう指示したそうです。それによって津波による被害から免れた方々がたくさんおられたと聞きました。
私は、地域の責任者の的確な判断、あるいは地域住民のために最後まで役割を全うされた役場の人々の使命感、責任感など、現地でいろいろなことを見聞きし、感銘して帰ってきました。

――大塚　仙台工場、福島工場、本宮工場の被害はいかがでしたか。

大坪　仙台工場は、最も甚大な被害を受けていました。大きなアンカーボルトで床に留められていた重さ12トンの成型機がボルトを全部引きちぎられて数十センチ動いたという話には驚きました。私が行ったときは、すでに成型機は元の位置に戻っていました。
「がんばろう宮城」「がんばろう仙台」「復興に向け心をひとつに」と書かれたポスターが工場内の至るところにあり、気持ちを鼓舞して必死でがんばっている皆さんの様子が見て取れるような気がしました。

――大塚　震災では、東北地方の人々の忍耐力、根性、復旧への情熱が評判になりました。

大坪　日本は、昔から自然災害、天変地異に見舞われてきては、乗り越えてきたという民族的なバックグラウンドがありますから。もう一つは、工場の従業員は大半が地元出身であることです。だから郷土を愛する気持ちが強い。地元のためにも、地元出身者の自分たちががんばらなくてどうするんだという気持ちが強く働いて、奮起されたのだと思います。

――**大塚**　**これまで取り組んでこられた防災訓練、リスク・マネジメント、ＢＣＰ（事業継続計画）の成果はいかがでしたか。**

大坪　ＢＣＰの意識が高まっていたのは事実ですね。われわれはここ5～6年、それぞれの拠点で地震が起こる、電気の供給が止まるということを想定し、限られた電気の中で、どの機械に電気を優先して使えば生産が継続し得るか。そのためにどういう備えをしておくか。たとえば、電力が70％しか通じなくなったら、どの機械に電気を優先して使えば生産が継続できるか、それが50％、30％になったらどうかと、事前に準備していたことが役に立ちました。そういうことを過去からきっちりと営々と積み重ねてきた工場は被害の影響も少なかった。ＢＣＰをどれだけ意識してやっていたかで、被害の度合いは変わります。

――**大塚**　**震災対応で、本社と現場の工場との連携はうまくいきましたか。**

大坪　震災の翌日に緊急対策本部を立ち上げて、必要な情報は電話でやり取りをし、少し時間が経てば、テレビ会議をやりました。そういうことでリスク・マネジメントに対する備えを組織としてやっていましたので、スムーズに動いたと思います。しっかりしたBCPの体系を構築し推進を図ってきた本社、それを受け具体的な形で現場に落とし込んできた工場、両方の努力があってこそ、成果につながることを改めて実感しました。

――大塚　3・11は、1000年に一度あるかないかといわれる大地震です。この大ピンチを、安心安全な街づくりを行うチャンスに変えるべきだと思います。東北の被災地を世界でも類のない安心安全で、しかも環境に優しいモデルタウンにつくり替える……。

大坪　日本は、甚大なダメージを受けたわけですから、まず復興へ向けて、日本の全国民、全産業がエネルギーを結集しなければなりません。被災地域によっては、まだ復旧のフェーズ（段階）にすら辿り着いていないところがあります。われわれは一国民として、また一企業として、長期的な視野に立った支援活動を継続してやっていきたいと思います。

――大塚　パナソニック・グループとしてはどういう貢献を考えているのですか。

大坪　重要なことは、本業で復興に貢献することです。

現在、新しい街づくりについては、地震、津波などの自然災害に対して、どういう防災視点の街づくりをするのか、ハードウェアとソフトウェアの両面から議論されています。われわれは、そういう復興のコンセプトに合致したような街づくり事業を、本業で展開しようとしているところなのです。そのフェーズも、事業ビジョンを実行に移す段階へと来ています。

安心安全で、環境に優しく、人と人の絆を大切にする街づくり。そういう事業分野への貢献にこそ、パナソニックの果たすべき社会的役割があるのだと確信しています。

また、それがパナソニックのあるべき将来の姿ともなりましょう。

——大塚　松下幸之助さんは、「生産こそ復興の基盤である」と言いました。

戦争や自然災害、経済恐慌など、さまざまな危機に直面しても、「事業を通じて世の中を豊かにする」という強い使命感の下、これらの苦難を発展の機会ととらえ、社員を激励し続けたそうですね。1945年8月16日、本社修養室に緊急招集した幹部にこう言っています。

「この世紀の一大変革期に臨んで、わが松下電器は、最も速やかに平和産業に転換し、日本再建の第一歩を雄雄しくも踏み出したのであります。生産こそ復興の基盤であります。私は、諸君に一日も早く復興の先達たるの栄誉を与えんとするのみならず、産業の転換に伴って失業せんとする人たちをも迎え、あいともに、ますます伝統の松下精神を振起し、日本の再建と文化宣揚に尽くさんことを深く期するものであります」と。

大坪　創業者の言われていることと、われわれの思いは一緒ですね。ただ、創業者の場合は、思いを発信されただけでなく、直ちに実践されて、経営者としての成果も上げられ、社会に貢献もされています。思いを即実践する。そこがすごいと思いますね。われわれも、早く、復興のフェーズ（段階）に進まないといけない。

――大塚　現在はどのフェーズでしょうか。被災地の、明かりが欲しい、電気が欲しい、情報が欲しいというニーズへの対応は終わりましたね。

大坪　まず、われわれはそのような商品を製造するメーカーなので、しっかり支援をさせていただいた。現在からは、本当の復旧・復興の段階に入っていきます。

エネルギーに制約があるのは、国民はみんな、身に沁みています。そこで、われわれはスマートタウンとか、防災面を考慮したセキュリティシステムを構築した街づくりを提案しているのです。その分野で貢献できると思います。つまり、「街まるごと」「家まるごと」というわれわれのビジネスが復興に、お役に立てるということです。

――大塚　パナソニックは2012年1月、現在の16ドメイン（領域）から9ドメインに再編します。大坪さんは、再編の目玉は、グループを横断した「家まるごと」

「街まるごと」など、「まるごと事業」を推進する環境・エナジーソリューションズで、「まるごと事業」を成長の柱にしていく考えだと、おっしゃっています。

大坪　はい。われわれは、創業１００周年である２０１８年を目指して、エレクトロニクス№１の環境革新企業になろうとしています。今までグリーンライフ・イノベーションだ、グリーンビジネス・イノベーションだと、大きなビジョンを掲げてきましたけど、いよいよそれを実践するときがきたと思っています。

３・11は日本にとって大変不幸なできごとでしたけれども、われわれとしては、背中を押されたと思っています。今こそ、そのミッションを果たすべきだ。それが将来のパナソニックの存在価値を決める。そういう思いを強くしているのです。

――大塚　**なぜ、パナソニックはドメインを16から9つへと集約するのですか。**

大坪　三洋や電工など新たな会社がグループに加わりました。重複はそぎ落とさなければなりません。しかし、単にそぎ落とすだけではダメです。時代の変化に応じて事業付加価値をつけて、将来に対する成長戦略を明確にしなければなりません。その結果、９つのドメインと１つのマーケティング本部に集約することにしたわけです。

今回の再編によって、われわれはいわゆる〝単品売り〟から、ソリューション提案型ビジネス、〝まるごと事業〟を成長の柱にしていきたいと思っています。重要なのは、ドメイン間の横串を通すことによって、われわれは商品システムやソリューションを提案することができるということです。そのために、各ドメインはドメインとしての事業をしっかり行う一方、ドメイン間の横連携もしっかりとって、横展開していかなければなりません。

むろん、単品でも、強い商品をいろいろ組み合わせて、提案するビジネスもやっていきますが、横串がより大事になりますね。

――大塚　今までのような単品売りではなく、生活まるごと面倒を見ましょうというような、いわば〝コンサルビジネス〟なのですね。

大坪　そうです。われわれの提案を受けていただければ、より環境に優しい生活ができ、より安心安全な生活ができるのです。

今までは、ＢｔｏＣで、単品売り切りでビジネスは完結してきました。これからは、９つのドメインをさらに「コンシューマー」「デバイス」「ソリューション」の３つのセグメントに分けて、それぞれのセグメントが直接、お客様に接して提案を行い、お客様のご要望をフィードバックする、そのようにお客様のご要望をお聞きし、すり合わせをしながら事業展開するということになります。

大事なのは、9つのドメイン、1つのマーケティング本部が相互に連携を取り合って、情報をシナジー効果が生まれるような情報に加工していくということです。

――大塚　以前、中村邦夫さん（パナソニック会長）が社長時代に、私に言われた。「松下電器は、テレビ、冷蔵庫、掃除機、炊飯器、DVDなど、いわば中堅企業の集まりです。松下電器などというものは存在しない。それだけに全社最適化が難しい。そこへいくと単品が全体の8〜9割を占めている自動車会社はまとまりやすい。オール松下という概念をどう持たせるかが課題です」と。今度のソリューションビジネスではじめて、〝オールパナソニック〟のコンセプトが醸成されますね。

大坪　それだけに、商品力が求められます。テレビ、エアコン、冷蔵庫、デジタルカメラ、デバイス……各商品がグローバル市場で輝く商品でないと、二流、三流の商品を集めてワンパッケージで提案しても、だれも聞いてくれません。それぞれのドメインが持つ商品が世界最高の商品であれば、こんな新しい生活、こんな新しい街づくり、こんな新しいオフィス環境を提供できますよ、と提案できます。

個々の商品の持つ重要性というのは従来とはまったく変わりません。そこを勘違いするといけない。

テレビなども、単に娯楽番組やニュース報道を見るだけの役割ではなく、たとえば将来、各家庭の蓄電池の充放電状況を絶えず表示するなど、テレビのディスプレーに新しい役割を付加することが必要になります。

現地の消費者ニーズを一番知っているのは現地の人

――**大塚**　パナソニックは、2013年度に、神奈川県藤沢市にあるパナソニックの工場跡地に、世界のスマートシティに先駆けて街開きをするそうですね。

大坪　ええ、藤沢で一つの大きなモデルをお見せすることができると考えています。この効果は大きいと期待しているんです。

規模としては、住宅1000戸、住民3000人を想定し、太陽光発電を標準装備しています。必要ならば、蓄電池も設置できます。エネルギーだけでなく、セキュリティも充実します。また、電気自動車（EV）の充電装置もつくり、EVのシェアリングも用意します。そのほか、住民の健康管理をITの活用によって行っていくつもりです。

ただし、13年に街開きをしますが、あらゆる問題をすべて解決した街ではなく、エネルギー効率化の問題など14年、15年、16年と徐々に進化させていきたいと考えています。

――大塚　海外ではすでに「まるごと」のコンセプトで売っていますか。

大坪　シンガポール政府と公営集合住宅のエネルギー効率の改善に向けて、創エネ・蓄エネ・エネルギーマネジメントを組み合わせたトータルエナジーソリューションの開発と実証プロジェクトを推進することで合意しました。高層マンションに太陽光発電システムを設置し、照明、エレベーター用の非常用電源としてリチウムイオン電池にためるものです。

また、英国でブリティッシュガスへの太陽光パネル供給で合意したほか、中国の天津エコシティプロジェクトにも参画している。

――大塚　もう一つ、組織再編で注目したのは、営業やマーケティング機能を一つに統合し、日本をアメリカ、ヨーロッパ、アジア、中国などと同じ一つの地域としたことです。

大坪　日本は世界市場全体に占める売上高比率が50％を占める国ですから、重要な市場であることに変わりはありません。そのために日本には販売を統括する責任者をちゃんと置いて、市場の拡大に当たらせています。

しかし、日本で前年比2桁アップの成長を続けていくことができるかどうか。日本は、一時的な復興需要もあるでしょう。また、新しいイノベーションが起こる可能性もあるでしょう。それらを否定するわけではありませんが、われわれが経営資源を投入することによって2桁アップが達成可能な市場が世界にはたくさんあります。そういうところで本格的な成長を図りましょうということです。

――大塚　**現在約50％の海外売上比率は今後どこまで高めようとお考えですか。**

大坪　中期経営計画は2年後の売上高9・4兆円（2011年3月期の連結売上高8兆7000億円）を設定しています。海外での売上比率は、現在の50％から、55％まで引き上げる。18年には、さらに海外比率を60％以上まで高めたいと考えています。

伸ばしていきたい地域は、ブラジル、ロシア、インド、中国のBRICsと、それにベトナム。BRICs＋V。その次に、MINTS＋B。これはわれわれの造語なのですが、メキシコ、インドネシア、ナイジェリア、トルコ、サウジアラビア、さらにバルカン諸国です。こうした成長を遂げる新興国で市場を拡大したい。

――大塚　**そうした新興国へ参入する場合は、目線はかつての日本企業のように日本発の目線ではなく、現地目線で。商品も、これまでのように先進国向けに開発した商品ではなく、新興国の人が本当に欲しがる商品を開発しなければなりませんね。**

大坪　おっしゃるとおりです。現地の消費者のニーズは、現地の人が一番よく知っています。商品開発からアフターサービスに至るまで、現地の人の手で行うのが一番良いと思います。現地の人が現地のニーズや志向を調査して、商品を企画し、商品化し、事業化していくという徹底したローカリゼーションが、基本になると思います。バングラデシュだ、ナイジェリアだといっても、日本人でその国に精通した人はごく限られています。

今回、われわれは、インドやインドネシアの消費者は、どういうエアコンや冷蔵庫を欲しがっているのか、志向性を調査しました。また、現地の人々がエアコンや冷蔵庫に求めている機能は何かも、市場調査しました。それに基づいて、現地を理解した人たちが現地主体で開発を進めたところ、冷蔵庫、エアコンが爆発的に売れているのです。そういう例が続々出てきています。

——大塚　今までは、ミスマッチがあったのでしょうね。

大坪　おっしゃるとおり、今までは、日本で開発して、欧米で通用するものを若干スペックダウンして、新興国へ持っていこうとした。最初から商品そのものに無理があった。現地の消費者のニーズに基づいて開発された商品ではないですからね。

振り返ると、日本は70～80年代、『ジャパン　アズ　ナンバーワン』という本に象徴されるように、大きな成功体験があった。それを引きずって、日本で開発した高品質の商品をそのまま新興国にも持っていって、齟齬が起こったということではないかと思います。

――大塚　リーマン・ショック後、中国、アジアなどの新興国が欲しい商品を主張し始めました。自動車メーカーも、インドのタタの20万円カーを軽視していたのでは、生き残れない。インドの人はそれを買って夢をかなえ、タタは収益を上げている。日本車も現地のニーズを拾い上げて開発しないと売れないことにようやく気がついたようです。

大坪　それぞれの国には、それぞれの人々の文化、考え方、価値観があることを尊重する。そうすると素直に市場を見ましょう、素直に消費者の志向を見ましょうということになります。われわれも、あらためてメーカーとしての〝原点〟に戻ろうということです。

僕らも会社でタタを手に入れて、僕も日本で試乗しました。分解もし、日本の軽自動車と何がどう違うのかを徹底的に調べました。でも、いくら日本で技術を調査しても、インドの現地の人たちの志向まではわからない。想像の世界を超えないわけです。やっぱり百聞は一見に如《し》かずで、現地へ行って、現地の人の声を聞かないとわからない。これからは、そういう現地主義を経営の中に根付かせないといけないと思います。

――大塚　しっかり現地の人と向き合う。これからのグローバル化の基本ですね。

大坪　そうです。日本で創業者が洗濯機やラジオを出したときも同じだったと思います。日本人はだれもが、アメリカのハイカラな生活に憧れ、アメリカのような電気生活がしたいと思った。創業者はそんな日本人の夢をかなえようと、日本の習慣、文化、考え方に根付いた電気機器製品を独自に開発してきました。われわれも、同じことをやれということだと思います。

——大塚　大坪さんは、インドの販売店を数年後に、現在の100店舗から250店舗に増やしたいとおっしゃっています。スピードが求められている今日、もどかしさを感じます。現地企業を買収して一気に1000店舗に増やすといったことは考えられませんか。

大坪　いや、そんなことはありません。今、われわれは、ビジネスモデルをソリューション型に変えようとしています。単品商品の販売だけでなく、提案から施工、サービス、メンテナンスに至るまで、幅広いビジネスを行うことになる。するとシステム・インテグレーターなど、いろいろなパートナーが必要となりますので、今後はM&Aを積極的に展開することになります。

私も、インドでの販売店を早く1000店舗に増やしたいと思います。けれども、インドでそこまで拡げられる実力がわれわれにあるかどうかですね。ショップ店になっていただくということは、パナソニックの専売店として生きていただくことになりますから、相手の方々もそれなりの覚悟がいります。パナソニックは本当に信頼し得るパートナーなのかと。われわれは、信頼していただける企業であることを証明していかなければなりません。これには多少時間がかかります。

――大塚　日本の企業は、人を育て、技術や事業を育てる、〝育てる文化〟だと思います。一方、資本効率重視の欧米の企業は、人を選び、技術や事業を買収する〝選択する文化〟だと思います。しかし、これからはスピードが求められますので、選択する文化も加味しなければならないのではないですか。

大坪　われわれはパナソニック電工を経営統合し、三洋電機を買収しました。それなりのスピード感で経営しています。ただ、われわれの経営は、来年、再来年、２０１８年で終わるものではありません。未来永劫、会社を存続させなければなりません。存続してはじめて、お客様に商品やサービスを提供でき、株主に還元でき、従業員を雇用でき、社会貢献もできるのです。

企業はゴーイング・コンサーンです。1～2年のスピードを求めて、何が何でも短期間の効率を求めるだけでは経営は立ち行かない。企業を買収して、新しい事業を育てても、いくつかの事業は陳腐化しますから、切り離さなければならない。スピード感は確かに、大事ですが、それが将来、ゴーイング・コンサーンとして成り立つための戦略要素になるのかどうか。そこは多面的な見方をしないといけないと思います。

――大塚　今後は、世界各地域に開発拠点がいると思いますが、いかがでしょうか。

大坪　現在、われわれは地域の情報を収集する生活研究センターをアジアの新興国を中心に世界に設置しています。また、R&Dセンターは日本、欧米、中国、シンガポールに置いています。単なる拠点の設置のフェーズから、いかに商品化し、いかに事業化していくかというフェーズに入っています。

今、日本は、震災、原発事故、円高……と、大変困難な状況にありますが、この震災を契機に、国内外の事業を見直し、海外に移したほうがいいと思われるものは思い切ってやっていくべきだと考えています。海外に移転することによって、日本でやるべきことがクリアになる。新しい市場をよりスピーディに起こして、世界の人から日本の事業や技術に対する信頼を得ることが大事だと思います。

――大塚　ところで、パナソニックのエネルギー事業戦略についてはどうお考えですか。

大坪　エネルギーに制約があることについては認識しました。特に、震災後、企業も、国民も営々として節電に協力し、電力不足に対応しました。けれども、経済を継続的に成長させるためには安定して低コストの良質な電力が欠かせません。そういう意味から、われわれは、日本の中長期のエネルギー政策は、経済の成長戦略と一緒に考えるべきであると思います。国としてはそうすべきです。

一方、パナソニックとしては、エネルギーというのは、地域完結型の〝地産地消〟が理想であると考えています。地産地消を一つの目標にして、事業展開していきたいと思っています。

――大塚　世界的に太陽光などの自然エネルギーの需要は高まっています。三洋電機を買収してソーラーパネルの世界シェアを拡大したパナソニックのビジネスチャンスは広がりますね。

大坪　大事なことは、システム全体としてどういう提案を行うかということです。太陽光発電、ソーラーパネルという単品にフォーカスするとすれば、どこの国でつくったかわからない、信頼性のわからない商品が拡販すると思います。

先ほどから言っているように、われわれは単なる単品売りのビジネスを大々的に展開しようとしているわけではない。やろうとしているのは、太陽光パネルを設置して、蓄電池を置いて、こういうエネルギーマネジメントをすれば、環境にも地球全体にも優しい、そしてエネルギーの地産地消に繋がりますよ、というシステムの提案なのです。そういうビジネスを実践していきます。

エネルギー環境を単品売りの商売にしてしまうと、かつてのコンシューマー・エレクトロニクス商品がそうであったように、必ず価格競争に陥ってしまいます。

――大塚　液晶テレビにしても、パナソニックは韓国サムスンやLGの後塵を拝しています。なぜ、サムスンはそんなに強いのですか。

大坪　やはり、円高ウォン安。日本の技術者の方が日本のいろいろな構造改革で、結果的にサムスンで仕事をされている場合もある。サムスン自身も、デザインとか、市場の動向をよくみて、サプライチェーンも考えて、いろいろな戦略を打ってこられています。われわれは、反省が半分です。しかし、競争条件が違うことも、分析しておかなければなりません。

——大塚　その点、「まるごと事業」はレアなビジネスモデルです。グローバル化するうえで、強力なビジネスモデルになりますね。

大坪　われわれは単品の世界市場での競争から逃げる気はまったくありません。これからも、われわれはグローバルなライバル企業と勝負をしていきます。

しかし、単品売りだけでは将来も引き続き成長戦略が描けるかとなると、難しい面がありますす。ですから、「まるごと事業」というような新しい事業の土台をつくり、その分野の先行ブランドとして走っていきたい。そう思っているのです。

——大塚　松下幸之助さんが生きておられたら、大坪さんになんと言われるでしょうか。

大坪　もっとがんばれと。その一言だと思いますね。やっていることに対しては否定的なことは言われないと思います。

——大塚　がんばれと。

大坪　もっと緻密に考えなさい。そう言われると思いますね。特に、ソリューション型ビジネスというのは、非常に柔軟性が求められるコンセプトなので、それを経営の基軸にするには、いくら緻密に考えても緻密すぎるということはありませんよと。

Chapter-3

伊東孝紳

本田技研工業社長

日本は変わった。世界は不変。震災を第2の開国に繋げたい。

●いとう・たかのぶ
1953年静岡県出身。京都大学大学院工学研究科で航空機を専攻、'78年本田技研工業入社。本田技術研究所でボディ設計を中心に『CR-X』『アコード』『NSX』などを開発。米国子会社副社長などを経て、2003年常務兼本田技術研究所社長、'09年本田技研工業社長に。現地での開発体制強化などグローバル化に邁進する。

インドでは8万円の二輪を作って利益を上げられる

「リーマン・ショック、大震災、原発事故、円高……。ここへきて日本は何重苦にも見舞われているといわれますが、僕は、ホンダにとって真の開国のチャンスだと思っています。

今、ドイツのフォルクスワーゲン（ＶＷ）が脚光を浴びていますが、にわかに強い企業になったわけではない。ヨーロッパの為替が非常に辛い時期に、ＶＷはリストラを重ね、相当なスリム化をしながら熾烈な競争に耐えてきたからこそ、今の強いワーゲンがあるんです。ホンダも同じです。厳しい環境を憂えるのではなく、そこから何を学び、何を習得して、グローバル展開に生かしていくかが、一番大事なことなんだと思います。僕は、この試練をホンダが真のグローバル化を実現するチャンスに変えたいと思っているのです」

インタビューの後半、私が、「日本の自動車産業の試練が続きますね」と水を向けると、ホンダ社長の伊東孝紳は笑顔でこう答えた。

リーマン・ショック以降、ホンダの業績は順調に回復し、二輪事業を持つ強みもあり、他社に比べ好調に推移している。因みに、２０１１年3月期連結決算の売上高は、対前年同期比４・２

%増の8兆9369億円、営業利益は同56・6%増の5698億円、純利益は同99%増の5341億円。営業利益率は6・4%と、業界内でも最高水準を誇る。

そんなホンダも、3・11で栃木県芳賀町にある本田技術研究所が被災し、機能不全に陥った。研究所の天井パネルの大半が落下し、開発部門が作業停止に追い込まれたのである。ホンダの工場は被災しなかったが、取引先の電子部品メーカーが被災したため、国内の工場は生産休止に追い込まれた。

4月からは北米の6工場すべてで、4月中旬からは英国の工場などで減産を余儀なくされた。6月から徐々に部品メーカーは復旧し、サプライチェーンは回り始め、日本国内は6月下旬から、海外は8月から9月にかけておおむね正常化したが、グローバルの生産が完全に通常に戻るのは、2012年早々まで待たねばならない。

今回の大震災による被害総額は、合計700億円にのぼる。

3月11日の大地震発生時、伊東は何をしていたのか。

東京・港区の本社10階の役員室にいた伊東は、発生直後、「研究所が被害を受けた」という一報を受けて頭が真っ白になった。

技術研究所出身で、社長を務めたこともある伊東は、ホンダの頭脳である研究所の重要性を知り尽くしていた。「一日たりとも開発を中断させてはならない」

13日の日曜日、車で栃木の自宅にたどり着いた伊東は、愛車のバイク「CB1100」で古巣の研究所へ行った。「これはひどい」。研究所のオフィスは天井の大半が落下し、がれきの山と化していた。伊東は即座に、「業務を分散させるしかない」と決断を下した。急遽、埼玉製作所(埼玉県狭山市)、鈴鹿製作所(三重県鈴鹿市)などの工場内にサテライトオフィスを設置し、設計開発、購買、生産技術開発(ホンダエンジニアリング)など、栃木地区の従業員の1割にあたる約1700人をそこに分散させる。一方、栃木の研究所では、被害の少なかった部屋に200〜300人を詰め込んで、作業を続行させる。伊東は本社と研究所を何度も往復し、復旧作業を指揮した。

そして、3月28日にはサテライトオフィスとともに開発業務を再開させたのだ。伊東は開発の中断をわずか2週間にとどめたのである。

そんな伊東に、ホンダにとって3・11とは何か、将来の生き残り戦略は何かについて聞いた。

——大塚 3・11で日本の自動車産業はサプライチェーンの停滞により、

一時、生産休止や減産を余儀なくされた。また、11年7月から9月までの約3ヵ月間、休日を土日から木金へ振り替える「輪番制」を採用するなど、業界全体で節電に取り組んできました。

ホンダも、3・11でグローバル生産に影響が出ました。

3・11の〝傷〟はほぼ完治しましたか。

伊東 生産は、日本では11年6月下旬から、北米は8月から、イギリスの工場も9月中旬から通常のペースに戻っています。

今回、自動車業界で最も困ったのは電子部品メーカーの生産休止でした。特にホンダは、フルモデルチェンジの新型「シビック」とアジアを対象とした低価格車「ブリオ」に、最新型マイコンを搭載しており、部品の在庫がなかったため、業界の中では影響が一番大きかったと思います。

ブリオはタイで5月下旬に発売開始しました。新型シビックも4月から北米でどんどん売ろうとしていた。ところが、マイコンの供給が途絶えたためにどちらもつくれなくなった。ブリオはタイでの生産が、また新型シビックは主として北米での生産が大幅に遅れた。アメリカでのシビックの生産台数は、4月から9月まで通常の半分に減りました。ディーラーは在庫が足りず、お客様の要望に応えられなくて、苦しい商売を余儀なくされています。北米でのシビックの生産は、他のモデルよりやや遅れて9月から徐々に復調しましたが、最前線のディーラー在庫が潤沢になるのは2ヵ月後の11月ごろからになります。

ですから、3・11の被災から完全復調するのは第4四半期の年明け（12年1月）以降になります。震災発生から9ヵ月以上かかったということになります。

――大塚　**3・11が世界の自動車市場に与える影響はいかがでしょう。**

伊東　世界市場の需要構造に大きな変化をもたらしたのは、3・11よりも、08年秋のリーマン・ショックだったと僕はみています。強いて言えば、3・11は金融危機による需要構造の変化に拍車をかけたということだと思います。リーマン・ショックで、世界の需要構造そのものが変化したのです。

――大塚　**どのように変わったのですか。**

伊東　リーマン・ショックで主に被害を受けたのは先進国。このため先進国の自動車市場は大きく落ち込みました。

一方、新興国は成長を続け、10年には新興国市場が3600万台を突破し、先進国市場を追い抜きました。つまり、グローバル市場の構造は、リーマンを境に変わったということです。先進国がリードし、新興国が追随するという構造から脱却し、新興国は新興国で先進国に関係なく、自らの嗜好を主張し始めたということです。アジアはアジアで、中国は中国で、自分たちの求める商品を冷静に見定めて、主張する。そんな新しい時代に突入したということです。

たとえば、象徴的な例がインドのタタ社の「ナノ」という邦貨換算20万円の低価格車です。ナノはリーマン・ショック直前に発表され、業界の常識を破る低価格車として話題になった。残念ながら、ホンダの中に、「あんな安っぽいクルマは」みたいな、見下げた風潮がありました。ところが、リーマン後は評価が変わり、「インドの人が欲しているのはあれなんだ」と認知するようになったのです。

われわれはインドでは、ヒーロー社と合弁で二輪を生産していました。私は社長になって間もない09年11月、ヒーローホンダの創立25周年記念式典に出席した際、二輪の工場を見て回りました。私は四輪分野が長く、久しぶりに二輪工場を見ましたが、インドではちゃんとやっているじゃないかと思いました。現地で開発、デザインし、現地で部品を調達し、現地でつくっている。

日本では40万円弱する100ccクラスのバイクを邦貨換算で約8万円くらいで売っている。それでしっかり利益を上げているんです。インドの人にとって8万円のバイクは、高嶺の花なんです。けれども、みんな精一杯働いて買っている。彼らはバイクを買うことで行動範囲が広がり、就職先が広がるという。20万円のナノも、高嶺の花ではあるけれども、インドの人にとってナノを買うことは、夢であり、憧れなんですよね。

僕は二輪工場でカルチャーショックを受けながらも、「合弁会社でちゃんと成果を出している。やればできる」と確信したんです。われわれは、インドで8万円の二輪をつくって利益を上げている、しかもお客様に喜んでもらい、お客様の夢を叶えているのです。これはすごいことだと再認識しました。

――大塚　インドではシビックを出していますね。

伊東　そう、ホンダはインドではプレミアムブランドとして販売されています。シビックの価格は邦貨換算で２００万〜２５０万円。その下のクラスのシティでも１３５万〜１７５万円。これはインドの普通の人々にとっては非常に高価なわけです。インドの社会の、ごく一握りの上層階級の人たちに対して商売している。そこで、僕は、「ホンダはそうじゃなかったよな。二輪がやっているように、その地域のマジョリティ（大多数）の人たちが夢を持ち、喜んでもらえる商品を提供するのがホンダの生業じゃなかったのか」と言って、騒いだわけです。

インドから日本の四輪の開発陣に電話をかけて、「タタの20万円カーをバカにするな。ここでは20万円のクルマだって高い。二輪が8万円なら四輪は16万円でできる」と言ったんです（笑）。

オーディオや冷房付きをとは言わない、家族が乗れて、雨風がしのげればいいというニーズは絶対にある。それをなぜホンダがやらないのか、とこっぴどく言い続けているんです。

——大塚　上から目線で新興国を見ていたのではないですか。

伊東　はい、〝先進国視点〟で、新興国を見ていたと思います。だから、私は、「意識を変えなさい」と言い続けてきたのです。最近、「変えなきゃいけない」という意識は全社に徐々に浸透してきたと思います。

これからの10年は、アジアが世界の市場をリードします。次の10年は、間違いなくアフリカが伸びるでしょう。一方、先進国は、当面、需要の伸びが期待できず、1つの限られたパイのシェアを各社が奪い合う構図の商売しかできないと思います。

——大塚　アメリカが世界市場をリードすることはなくなったということは、先進国全体のポテンシャリティ（潜在能力）も小さくなったということでしょうか。

伊東　いや、そうではない。先進国のポテンシャリティはまだあります。決してなくなったわけではない。

日本は、先進国としてリーダーシップを発揮していたほうですが、日本の市場は規模がシュリンク（縮小）する中、軽自動車を含めた小型車系の増加傾向がさらに顕著になっています。しかも、クルマに対してよりリーズナブルな価格と性能が求められる時代になりました。3・11で、そういった志向がいっそう加速されたと思います。

リーマン・ショックで、日本で商品を開発して世界に展開する時代から、グローバルの各地域がその地域にベストな開発・調達・生産をする時代へと変わった。ですから日本で開発、生産する商品は基本的に日本で捌くことを前提にしなければならない時代になったということです。

——大塚　伊東さんが3・11で学ばれたことは何でしょう。

伊東　2つあります。3・11は日本においてのみ、一時的な被害を受けたということ。あくまでも日本の一時的な震災であり、全世界で起こっている問題ではないことを認識しないと、世界でのオペレーションが萎縮する可能性がある。

もう一つは、3・11で日本の国民の意識がものすごく変わったということでしょう。国民はエネルギーの安全かつ安定的供給に対する見方を変え、日本の将来を考えるようになった。日本はこれから何をやって稼ぎ、どうやって生きていくのか、というレベルにまで考えが及ぶようになったと思います。経営トップとしては、3・11で日本が変わったことと、世界は変わらなかったことをわきまえたうえでグローバル・オペレーションを考えないと、日本がグローバルヘッドクォーターであるだけに、間違った判断を下しがちとなりますね。

――大塚　円高が進み70円台となっています。自動車産業にとってリーマン・ショック、震災、原発事故、円高……と逆風が続いています。

伊東　私は社長になる前から、「日本中心というのはもうないぞ。日本はグローバルの中の一地域に過ぎないからな」と訴えています。

ホンダは、北米、南米、欧州、アジア・大洋州、中国、日本の6極からなる地域本部制を敷いています。各極に地域本部長を置いて、極内で開発から生産、販売に至るまで一貫して行う、自立化を目指してやっています。

グローバル・オペレーションの理想は、その極内で、7〜8割を内需向けに生産し、残り2〜3割をグローバルで融通し合うことです。それが、市場の要望に素早く応えられるだけでなく、コストの低減にも、為替のリスクヘッジにもつながるからです。その体制の実現に向けて、震災前から、日本は生産に占める内需比率を高め、輸出は相対的に減らす。そういう体制への変更をよりスピーディに行わなくてはいけないと考えていた矢先、3・11が起こったのです。

現在、ホンダの日本での四輪の年間生産能力は、130万台あります。これを整理して100万台に減らそうとしています。内訳は、関東地区で50万台、三重県で50万台です。国内市場では、3割強を占める軽自動車は年々伸びている。内需に占める軽の比重が大きくなっているなら、ホンダ自身が軽を手の内にしなきゃいけない。そこで軽を生産している子会社「八千代工業」が計画していた新工場建設を白紙撤回させ、鈴鹿製作所でも生産することに決めたのです。いわば、軽だけでも食っていける体質を三重県50万台で構築する覚悟をきめたということです。

現地の開発体制を強化せよ!

――大塚 ホンダのグローバル戦略についてお伺いします。6極の自立化とおっしゃっていますが、どうやって自立化させるのですか。

伊東 6極のすべての地域で、お客様が欲しがるもの、望んでいるものに真正面から向き合うということでしょう。今までのように、アメリカでやっていたことをコピーして、新興国に持ち込むような商売をやっていたんじゃいけない。アジアが欲しいのはこういうものだ、中国が望んでいるのはこういうものだ、といった具合に、各地域のニーズを拾い上げて、その地域のお客様の喜ぶクルマをつくって売ることです。

――大塚 自立化といえば、各極とも生産、販売の自立化は進んでいますが、開発、購買の自立化となるといかがでしょうか。

アメリカにはＨＲＡ（米国ホンダ技術研究所）、ヨーロッパにはドイツとイギリスにＨＲＥ（欧州ホンダ技術研究所）、中国には広州にＧＨＲＤ（広州本田汽車研究開発有限公司）があります。

伊東　私は今、「現地の開発体制を強化しなさい」と大号令を発しています。今までは日本やアメリカ、ヨーロッパなどの１つの地域に照準を定めてクルマを開発してきました。その開発したクルマを新興国に合わせようとしていたのですが、それでは新興国に受け入れてもらえない。やはり、地域のお客様の主張を汲み取ったクルマを開発しないと売れませんからね。

アメリカでは開発（ＨＲＡ）は完全に自立しています。アメリカで好評を博しているアメリカ版「オデッセイ」などは、アメリカの開発陣によるデザインであり、開発なのです。アメリカ人の開発陣でなければ達成できなかった業績だと思います。あのサイズ感、あの使い勝手、あのハンドリング……。そんな開発体制を、他の地域でも構築したいと考えています。日本の研究所の海外事務所に過ぎないような拠点では、意味がない。

生産、販売はどんどん出て行って、最後まで日本に残った資産が研究所なんです。アメリカを除いては日本でほとんど面倒を見ている。これをいかにして地域に分散しながら、自立させていくか。重要な課題ですね。

——大塚　各極が自立するためには、部品の調達、購買の自立化も欠かせない。

伊東　そのとおりです。地域内における部品、資材の世界最適生産、あるいは世界最適調達を目指して、どこまでアプローチするか。また、現地の機械、現地の材料を使って、現地で加工することに対しても、われわれはどこまでアプローチするか。それによって品質、コストが変わってきます。ただし、これは開発、生産、購買、加工の一体となった取り組みが前提となります。

それとやはり人がポイントになる。購買も、開発同様、現地の人でなきゃダメです。日本人がやってもうまくいかない。HRAが成功したのは、アメリカ人に運営を任せているからです。他の拠点では、日本人が現地へ行って、一生懸命にやって、また日本に帰る。これでは根付かない。現地の人が継続的に運営できる体制をつくることが大事ですね。

——大塚　円高が進んでいます。損失を最小限にするような対策は打ってあるのですか。

伊東　こうやって取材を受けていられるということは、余裕があるのか、社長に仕事がないのかよくわかりませんが（笑）、手を打ってきたということにほかなりませんよね。

われわれはもともと海外での現地生産比率が高いので、円高による影響度合いは低くなっています。四輪は全世界生産のうち海外生産比率が7割以上です。二輪に至っては、生産台数1800万台の九十数%が海外生産ですからね。

われわれが今までやってきた地域経営を極めるというのは、簡単な論理なのです。お客様が地域にいます。その地域で価値を生み出し、地域に貢献するということなのです。ホンダの6極地域経営は、それなりに浸透してきています。

問題は、さらにグローバルで地域経営を最適化していくと、必ずしも日本の本社がリーダーではなくなってきます。そうなったときに、グローバルの上に立つ世界本社の前提条件や基準を何に置くのか、その答えがまだ見つかっていないことです。

――大塚　ホンダは一貫して純血主義を貫いています。かつて、「400万台以下のメーカーは生き残れない」というアメリカのあるジャーナリストの論文を、当時の吉野浩行社長は、「大事なのは規模ではない」と一蹴しました。ホンダは他社との資本提携を拒否し続けてきましたが、それはなぜですか。

伊東　文化なのでしょうね。ホンダには創業者のつくった「買って喜び、売って喜び、創って喜ぶ」という〝三つの喜び〟の文化がある。われわれは、みんなが一生懸命に創意工夫しながらモノをつくる。それをお客様が買って、使って、喜ぶ。それをみてわれわれは、「ああ、よかったね」と達成感を感じるという文化がある。ホンダの基本理念ですね。そこから外れて、そろばん勘定だけで、他社の製品をＯＥＭ（相手先ブランド）でもらう戦略など絶対あり得ない。それをやればホンダでなくなる。

われわれは、一生懸命に考えて、工夫して、汗水たらしてつくった車をお客様に売って、喜ばれるのを喜びとする会社なんです。ですから、安易に他社と資本提携する考えはありません。

——大塚　相手企業がホンダの経営思想、ホンダのやり方を尊重するという前提であれば、資本提携してでも問題はないでしょう。

伊東　買収した企業の体質を変えて成功した例はあるかもしれませんが、企業文化は本質的に変えられません。文化というものは、社員全員が共同作業しながら醸成していくものです。買って、変えることを百パーセント否定するわけではありませんが、ホンダの文化を育てるのは非常に難しいと思います。

——大塚　６極の自立化へのプロセスで、そういう局面が出て来ないとは限りません。その場合は、考え方、やり方だけでもホンダカラーに染めざるを得ませんね。

伊東　そういうケースはあると思います。

ホンダが合弁でやっていたインドのヒーローホンダはパートナー側も、ものすごくホンダの文化を理解してモノづくりをやっていました。しかし、そのヒーローでさえ、インド国外への展開となると、われわれの考え方との違いが出てきた。われわれが苦労して積み重ねてやってきたことに対して、パートナーは本質的にホンダの文化にはない色気を出してくることがありました。

――大塚　では、どうやれば各極の自立化を促進できるとお考えですか。

伊東　現地化を進化させるには、日本の考え方や見方が正しいという〝日本視点〟を捨てなければいけない。日本の本社は、現地のことは現地を知る現地の人に任せる。現地の人たちのアイデア、工夫を尊重し、現地のお客様がもっと喜び、もっと満足する商品づくりができるような環境づくりをサポートする。本社が現地に口を出すのはよくないと思います。二輪がインドをはじめアジア、南米などで事業を拡大し続け、各国の経済発展に貢献しているのは日本の本社が地域経営に口を出さなかったからです。本社が介入しなかった最大の理由は、日欧米の四輪市場の拡大にばかり気を取られ、新興国での二輪事業に興味を持たなかったからだと思います。だから、二輪の海外事業は積極的な展開が行われたのです。

――大塚　問題は、現地の人材をどう見出し、育てるかですね。

伊東　そうです。アメリカが自立化できたのは、雨宮高一《あまみやこういち》さん（元ホンダ副社長、元アメリカン・ホンダ社長）をはじめ、歴代のアメホン（アメリカン・ホンダ）のトップが現地で素晴らしい人材を育ててきたからです。アメホン元副社長のトム・エリオット、同じくディック・カリバー、チェット・ヘール……。そうそうたる人材がいました。

チェット・ヘールなどは、自らがハンドルを握ってテスト運転を繰り返し、問題点を日米両研究所に突きつける。日本の研究所の人間が何を言おうと、信念を曲げない。「オレが問題だと言ったら、問題なんだ」、「アメリカ人のオレを信用しろ」と。それだけではありません。チェットはアメリカ人としての判断基準を持っているから、リコール問題などが発生しても、「これはアメリカ人から見て問題ではない」と堂々と当局と渡り合うのです。チェットによって過去、ホンダがどれだけ救われてきたことか……。

トムにしても、チェットにしても、彼らはホンダが大好きなんです。本田宗一郎を尊敬し、ホンダ・スピリットを理解している。ホンダで仕事をすることに生き甲斐を感じ、ホンダで自分たちがやってきたことに誇りを持っている。だからホンダはこうあるべきだとはっきり言う。決してそろばんで動くような連中ではない。アメリカにはこういう連中がいたから、アメリカのホンダは強くなったのです。

おっしゃるように、これからは中国で、アジアで「ホンダが大好きだ」という連中を見出し、育てないといけない。それが現地化の最大の課題ですね。


――大塚　さきほど日本の市場構造が変わったと言われた。

急速に伸びつつある軽自動車市場に対して、ホンダはどう対応していくのですか。ホンダは国内販売台数65万台（2010年）のうち軽自動車は16万台に過ぎません。

伊東　近い将来、日本では軽自動車が半分を占めるようになるでしょう。100万台生産体制を維持するならば、50万台は軽で生業ができるようにしなきゃダメだと言っているんです。

――大塚　二輪からスタートしたホンダは、本来なら軽自動車は得意分野のはずなのですが、スズキ、ダイハツの後塵を拝しています。

伊東　やはり、アメリカ中心の経営の歪みが出てきたということではないでしょうか。軽の新型車の生産を鈴鹿製作所で始めるのは、軽需要に対して本格的攻勢をかけるためです。

軽の総販売に占める比率は、現在の約2割から、16年までには4割の約30万台に引き上げたいと考えています。

――大塚　次に、エコカー戦略についてお伺いします。

ホンダは、2002年に発表された「FCX」で、水素を燃料とする燃料電池電気自動車として世界で初めて米国政府販売許可を取得しました。その後07年に発表された「FCXクラリティ」は、水素4キロ搭載で600キロ走るという。しかし、燃料電池電気自動車の普及はずっと先になるといわれています。

現在、ホンダはインサイトをはじめシビックなどHEV（ハイブリッド車）を増やしています。当面はHEVが主流となるのでしょうか。

伊東　エコカーと言えば、最近EV（電気自動車）が続々発表され始めました。ただ、これは一つの選択肢であり、主流になるとは思いません。主流になるのは、間違いなくシンプルで軽いHEVです。

ただし、EVはダメかというとそうではない。ホンダは今までEVを軽視していた嫌いがありますが、EVは選択肢の一つなのです。お客様の選択に応えなければいけない。街中に住み、車で近場を動き回る人で、あるいはガソリンスタンドのない山奥の過疎地に住む人で、一日50キロも走らない人には、自分で充電できるEVのほうが便利です。そういうクルマを必要とするお客様は必ずいると思います。

利便性となるとやはり、ワンチャージするだけで、500～600キロを走るガソリン車が一番。軽くて、性能もいい。マジョリティであり続けることは間違いないでしょう。ガソリン車を進化させたのが、われわれが出しているシンプルで軽いHEVです。軽いからこそ、本来クルマの持つ性能を落とさずに、燃費をリッター当たり33～34キロまで伸ばすことができる。

軽いという点では、新型「フィット」のように、1モーターの小型ハイブリッドシステム（I

MA）が身近なものとして受け入れられています。IMAは現在の生産体制に合わせて普通車と混合生産できることが利点ですね。

――大塚　燃料電池の実用化は、いつごろになりますか。

伊東　水素が簡単に入手できるというインフラ環境が整備されないと実用化は難しいでしょう。今、電池の性能が云々され、クローズアップされていますが、一番エネルギー密度の高い電池は水素です。ですから、電池騒動が一巡すると、水素がクローズアップされるものと確信しているんです。水素こそが電気エネルギーの一番強力なキャリアなんです。だから水素がどこでも入手できて運用できるようになれば、モビリティ（移動体）はものすごく進化します。

僕は、水素がモビリティのエネルギーの核として運用される時代は必ず来ると固く信じているのです。ただ、その時代が10年後に来るかと言えばそれはない。20年後も来ないと思ったほうがいい。でも、ある程度電池がゆきつくと、水素が注目される。究極のモビリティは、水素をエネルギーキャリアとした電動モビリティですよ。それが最終解でしょうね。

――大塚　燃料電池車を実用化させ、普及させるには、他社への技術供与が欠かせないのではないでしょうか。

伊東　技術供与自体はいささかもやぶさかではない。けれども、技術を欲しいと言ってくる会社がないんですよ（笑）。なぜか。問題はインフラです。インフラ整備の見通しが立たず、今後インフラ整備とどのように関わればいいのかまったく分からない状態だからなのです。今、世界の自動車メーカーの中で、「燃料電池電気自動車こそ究極のクルマだ」と、燃料電池に執着しているのはクルマづくりにまじめに取り組んでいるトヨタとダイムラーとホンダの3社だけです。3社とも、「クルマの将来はこうなる」という確信を持っている。

――大塚　究極のエコカーなんですね。

伊東　いや、クルマというのは環境のためにあるわけではない。便利で、面白いクルマじゃないとクルマとはいえない。われわれは、面白いクルマでありたいと思っているんです。それがホンダ・マインドというものです。

あまり重たい電池を搭載したクルマは好きではない。面白いクルマにするには、やはり水素が理想のエネルギーだと思います。

――大塚　プロダクトアウト（製造部門の考えにより商品を製造し、販売すること）。

伊東　まあ、一種のプロダクトアウトですね。お客様が今すぐ欲しいと思っているクルマじゃなく、お客様の潜在的な要求を満たすクルマをつくる。将来、社会はこう変わるだろう、こうであるべきだ。ならば、お客様はこうやって楽しめよ、というのがプロダクトアウト。開発者の主張

が出ないで、ただ単にお客様に迎合するのはダメなんです。迎合していたら、今、出ているクルマに対してだけ、あれがいい、これがいいという評価しか出ない。ホンダはどうだということとしか出ない。

本田宗一郎は超プロダクトアウトでガンガンやってきました。「こうやったらもっと面白いぜ」、「こうやったら便利じゃねぇか」、「人がやってないものをやれ。そうじゃないと俺たち、やっている意味ないじゃないか」と。それがホンダの源泉なのです。本田宗一郎はスーパーマンだから、自分でどんどんやっていった。ところが、組織が大きくなり、普通の会社になると、なかなかプロダクトアウトをやるのは難しい。けれども、大組織の中でもそういうことをやって成功しなければホンダという会社はなくなると思います。やっぱり、面白い技術と製品をどんどん出し、人がやっていない商売の仕方が現場から浮き上がってくる会社。「そこまでやるのか」「やめろよ、行き過ぎだよ」というくらい新しいもの、面白いものがどんどん提案されてくる。そういう会社にしたいと思います。

だから僕は、社内で反感をもたれるのを覚悟で、ガンガン騒ごうと思っているんです(笑)。

――大塚　伊東さんが目指すグローバル・マネジメントとはどういうものですか。

伊東　真のグローバル化です。ホンダはグローバル・カンパニーと評されてきましたが、非常にありがたいし、われわれのモチベーションでもありました。

私は新時代のグローバル化システムを構築したいと思っています。今までは、アメリカ視点の、アメリカを基軸にしたグローバル企業であったように思います。過去は過去で、それでホンダが成長を遂げてきたわけですからそれは間違っていなかったと思います。

しかし、時代は大きく変わりました。われわれは本当のグローバル企業にならないと生き残れない時代に入ったのです。アメリカを除く5極が自立化できる環境づくり。それでいて、地域経営がグローバル最適経営になるような高レベルでの経営の平準化の追求を行う。それが社長としての僕の悩みであり、大きな課題ですね。

Chapter-4

近藤史朗

リコー社長

現地生産、現地販売はますます加速する。日本企業はそこで必ず強さを取り戻す。

●こんどう・しろう
1949年、新潟県生まれ。新潟大学工学部機械工学科卒業後、'73年リコー入社。画像システム事業本部長などを経て2004年MFP事業本部長、'05年取締役専務執行役員、'07年4月から社長。

東北リコーは社会貢献の意味を持つ工場だった

「東北リコーをはじめ東北地域の被災した工場はいずれも、当初の見込みより早く復旧を遂げました。その復旧ぶりをみて、私は、リコーグループ社員の〝モノづくり魂〟というか、モノづくりに対する〝こだわり〟を再認識することができました。東北人の粘り強さ、根性はすごいなと思ったものです。

復旧が早かったもう一つの理由は、東北リコーなどは、必要な部品や生産設備を自らつくっているということです。単なる最終製品の組み立て拠点ではない。自分たちがつくった設備だからどこをどう直せばよいのか、すぐに分かるわけです。ひっくり返って損傷した設備も自らの手で修理ができる。設備を自らつくる機能や、建物や生産設備を維持管理していく機能を持っている強みが生きたということです。

一方、これまでの大地震を想定していた防災訓練やＢＣＰ（事業継続計画）だけでは役立たなかったことも分かりました。ＢＣＰには、工場内や社内が被災したという想定での対応しか書いていない。水道、電気、交通など社会インフラが大きなダメージを受けた場合のことを十分想定していなかったのです。水がなければ、動かせない生産工程があるだけでなく、トイレや食堂なども使えず、社員が不自由するのです。

今回はなんとかリスクを乗り越えることができましたが、将来、さらにグローバル化が進展すれば、モノづくりへのこだわりだけでリスクを乗り越えられるとは思いません」

インタビューの途中で、私が「今回の震災で強く感じたことは何ですか」と水を向けると、リコー社長の近藤史朗は、厳しい表情で答えた。

リコーの工場は東北に多く存在している。中高速複写機、カラー複合機やカラープリンターの中核部品「ポリゴンスキャナモータ」、インク、トナーなどを作っている主力工場「東北リコー」は、宮城県柴田郡にある。また、レンズを生産する「リコー光学」は岩手県花巻市にあり、プレス工場の「迫リコー」は宮城県登米市、プロダクションプリンターなどを生産する「リコープリンティングシステムズ」は茨城県ひたちなか市にある。工場はいずれも、設備が損傷したり、位置がずれたり、金型が床に落ちたりするなど、大小の被害を受けた。

中でも、大きな被害を受けたのは東北最大の生産拠点、東北リコーだった。プリント基板の組み立て工場では天井が落下し、トナー工場でも高さ10メートルもある純水の給水タンクが3メートルも移動してしまった。それでも全従業員による懸命の復旧作業で、生産機能は、早いところでは1～2週間で復旧できた。

しかし、全生産設備のフル稼働となると、電気や水道といったライフラインの復旧や大きな被害を受けたトナー工場が再開した5月連休明けまで待たなければならなかった。

大震災で命を落としたグループ社員は2人。社員の家族も26人が犠牲になった。

11年10月現在、東北の全工場は完全に復旧し、平常どおり運転している。


リコーの業績は、2011年3月期の連結決算で売上高1兆9420億円、営業利益601億円、当期純利益196億円。

12年3月期見込みは、被災や急激な円高による影響などで、売上高1兆9500億円、営業利益370億円、当期純利益100億円と厳しい。

世界のオフィス向け複写機市場で約30％のシェアを持つリコーは、コピー、プリンター、ファクスなどハードを売るだけでなく、それにまつわる管理・運営サービスなどの「ソリューション（問題解決）ビジネス」にも注力している。しかも、07年6月にはIBMのデジタル印刷機事業を買収、さらに08年11月には米国の世界最大の事務機販売会社、アイコン社を買収するなど、グローバル市場で攻勢をかけている。

3・11をどう受け止め、そこから何を学んだか。また、それを21世紀の飛躍にどう生かすか――。近藤にズバリ聞いた。

――大塚　リコーの生産拠点は東北に集中し、そのほとんどの工場が被災しました。近藤さんは3・11をどう受け止めていますか。

近藤　今度の大震災で、工場内だけを対象にした防災訓練や事業継続計画は役に立たないこと、工場外の水道や電気、交通などライフラインの遮断を想定して対策を講じないといけないことなど、いろいろなことがわかりました。

大事なことは、3・11を機に、われわれが今、展開しているMDS（マネージド・ドキュメント・サービス＝文書・資料関連の運用管理を一括受注する総合的なサービス）の必要性がますます認知されるだろうということです。MDSはITを使った機器の遠隔監視やセキュリティ機能の強化を含め、充実したサービスをまとめて提供するもの。しかも、機器の配置などを通じて、印刷関連コストの削減につながる提案もします。つまり、オフィスのドキュメント関連業務をまるごと運用管理する、MDSに対する需要は高まっていくと思います。

――大塚　ＭＤＳ、具体的にはどういうサービスですか。

近藤　簡単に言えば、オフィスの文書・資料管理に関するすべての問題解決のサービスです。

われわれはこれまで、複写機・複合機、ファクス、プリンターといった個別の商品軸で事業展開してきました。ところが、３・11で、従来の、書類や資料を紙で保管し、管理する方法では情報そのものが消滅してしまうことが再認識されました。書類を電子データ化してクラウド上（ネット上）に保存すれば、津波で流されることも、火災で焼失することもない。しっかり保全することができるのです。

われわれは今、ちょうど商品軸から顧客軸に切り替えて、リコーの個別商品を使っていただいているお客様に対して、新たにＩＴサービスの提供を開始しているところです。ネットワークシステム構築の提案も、その一つですね。

また、11年8月に発売した持ち運び可能なコンパクトなビデオ会議システム「リコー　ユニファイド　コミュニケーション　システム　Ｐ３０００」があります。いつでも・どこでも、だれでも・だれとでもテレビ会議ができるというものです。われわれは、震災発生直後、当時開発中のこのビデオ会議システムの試作品を東北へ送り込み、本社と静岡県沼津市のトナー工場、神奈川県海老名市のリコーテクノロジーセンター、新横浜事業所の４ヵ所を、同時にビデオ会議システムで繋ぎ、復旧のための打ち合わせを行いました。音声も映像もいい。エンジニアたちは全員、「これは売れる」と確信しました。道路が遮断されても、電話が通じなくなっても、このシステムさえあれば、インターネット経由で機能し、コミュニケーションが取れる。

「オフィス丸ごと」というビジネスは、災害など非常時にも役立つということがわかりました。

――大塚　3・11は、デジタル・ネットワーク化が産業・社会に浸透する一つのきっかけになったと思いますか。

近藤　そう思います。われわれは、グローバル化とデジタル・ネットワーク化をキーワードに、新たな顧客価値をお客様に提供すべくイノベーションを起こし続け、更なる成長を目指していきます。3・11がわれわれの基本的な経営ビジョンの推進の背中を押してくれたことは事実です。

言うまでもないことですが、データや資料は、会社の大切な財産なのです。財産をいかに安全に保管し、効率よく運用するか、それもわれわれの仕事の範疇に入っています。

――大塚　危機管理に、決してやり過ぎということはないでしょう。

近藤　われわれは、オフィスのサポートなどでBCPそのものを提供しているという部分があります。しかし、今までのBCPだけでは、通用しないことがたくさんあることに気づきました。たとえば、避難訓練。災害が発生したとき、避難してくださいと言いますが、いったん災害が発生すると避難はなかなかできません。3・11の震災発生時、私は神奈川県海老名市にあるリコーテクノロジーセンターのビルの23階にいました。そのとき感じたのは、今やっている避難訓練では、大規模地震発生時には役立たないということでした。また、電話も通じませんでした。東北の拠点との電話は、緊急時用の衛星電話しかつながりませんでした。さらに、水、電気、交通など、ほかのライフラインの遮断を想定したBCPでないと、意味がないこともわかりました。社内の被災だけを想定したBCPでは、役に立ちません。

では、今後どのようなBCPを提案すればいいのか、われわれは新たな課題を突きつけられています。ただ、明確に言えることは、ネットワークは他の通信手段と比較して機能し続ける可能性が高いということです。このネットワークをBCPとどう組み合わせていくかが、開発のキーポイントになると思います。

——大塚　近藤さんは、3・11のときはビルの23階で仕事をしておられたのですね。

近藤　雑誌のインタビューを受けていました。大きな揺れを感じました。高層ビルなので1メートルぐらい横に揺れた感じでした。

揺れが収まるのを待って、本社に電話をしたのですが、その時点では通じなかった。会社専用の衛星電話で、社員の安否確認を最優先に行うよう指示しました。

東北各地の状況をテレビで見ると、大津波が村や街を呑み込んでいく。これは大変なことになるぞと思いました。

東北の各地にある事業所には、衛星電話で連絡を取りました。間もなく、ある工場の天井が半分落ちているとか、工作機械が位置ずれしていたり、メッキ工場ではメッキ液が流れていたりといった報告が相次ぎました。その日の段階では、当時東北地域の各工場で働いていた従業員に一人も犠牲者が出なかったことがわかり、安堵したものです。

しかし、東北の生産拠点、研究拠点、販売・サービス拠点を合わせ、数日間は従業員27人の行方がわからず、心配でなりませんでした。グループ社員が2人亡くなったことが判明したのは、地震発生1週間後でした。1人は、車で宮城県三陸町へメンテナンスで行っていたサービスの人です。その人は、車のなかで発見されました。もう1人は、夜番明けで、帰宅していたトナー工場の人です。その人は、いったん自宅を出て外へ逃げられたのですが、娘さんのことが心配で自宅に引き返された。そのときに津波に襲われたそうです。気の毒としか言いようがありません。

——大塚　工場の復旧の速度についてはいかがでしたでしょうか。想定していたとおりでしたか。

近藤　工場の生産機能そのものは数週間で復旧しました。みんな、よくやったと思います。

私は、4月5日に東北リコーのプリント基板製造工場へ行くと、天井が全部落ちていました。その中で、従業員は全員、落下物から身を守るためにヘルメットをかぶって一生懸命に組み立て作業を行っていました。設備機械は修理しているから動いているのですが、工場では水が来ない、トイレが使えないという不自由な状況の中での作業です。みんな、ヘルメットをかぶったまま自転車で仮設トイレのあるところまで行っていました。

彼らは、自分たちの職場を絶対に守り抜くんだ、絶対再稼働させるんだ、という強い意志でがんばっているのだと実感しました。東北魂と言うか、根性ですね。そんな彼らの姿に私は胸を打たれたものです。

正直に言いますと、われわれは当初、被災したプリント基板製造工場は規模が小さいので、ほかの工場へ移転したほうがいいのではとも考えました。しかし、東北リコーの工場は、リコーの創業者・市村清が「人を愛し、国を愛し、勤めを愛す」という三愛精神の下で、戦後間もなく設立した工場なのです。東北の若者たちが集団就職で東京に行かなくても、地元に働ける場所を提供しようという、いわば社会貢献の意味も持つ工場を設けたのです。

そんな創業者の想いを尊重し、プリント基板製造工場は東北リコーに残そう、という考えに至ったわけです。

——大塚　トナー工場の被害はいかがでしたか。

近藤　最新鋭の化学工場ですから、工場そのものの損害は軽微でした。ただ、屋外にある純水のタンクが横にずれ、電気も止まってしまったので、5月まで操業できない状況が続きました。化学プラントというのは、電気が止まってしまうと、操業ができなくなるのです。

もともとトナー工場は、静岡県沼津市にあるんです。しかし、沼津工場だけでは、東南海地震の発生で、工場が被災したら、リコーはお客様へトナーをお届けできなくなる。そこで生産拠点の一極集中を避け、リスク分散を図ろうと、東北リコー内に工場をもう一つ設けたわけです。宮城県を進出先に選んだのは、地理的に海から近いこと、水質が良いことと、なんと言っても宮城県が企業誘致に一番熱心だったからです。

——大塚　皮肉にも、リスク分散するために新設したはずの工場が震災に遭ってしまいました。東北地域での生産活動はこのまま変わらずに続けていくお考えですか。

近藤　これまで以上に生産体制を拡大、強化していきます。まず、110億円を投じて、東北リコーのトナー工場の拡張を行う。もちろん、この拡張計画は復興支援の意味も含めています。さらに、福島県に事務機のリユースセンターも作ります。

東北リコーの幹部連中は、面白いことを言っています。私が、「なぜ、被災地に、新規投資をすべきなのか」と言うと、「社長、この先1000年、東北に巨大地震はありませんから」と言うのです（笑）。

今後も、東北地域をリコーの一大生産拠点として位置づけていく考えに変わりはありません。

――大塚　資材や材料調達に、一時、LSIなどサプライチェーンが滞り、自動車産業は、支障はなかったのでしょうか。生産停止に追いやられました。

近藤　われわれは、2011年2月、「グローバル購買本部」という組織を作りました。それまで部署ごとに部品やモノをバラバラに調達していた購買を一本化することで、調達コストの削減や、購買プロセスの効率化を図るためです。

たとえば、パソコン。われわれは年間60万台以上売っていますが、これは営業担当の人間たちが他社から調達して売っているものです。いうまでもなく、営業の本来の機能は売ることです。「買う」専門家ではありません。しかし、購買についてコスト意識が希薄であってはいけない。製品や部品の調達・配分を一元に管理する購買本部を設ける必要があると思っていました。

グローバル購買本部設置の目的は、世界中から一番旬であり、品質のよいものを一番低コストで調達するということと、さらに為替ヘッジを行うことにあります。円高が進めば、製品、部品の売り買いのバランスを取って、極力ヘッジしていかないと利益は出ない。たとえば、現在のように円高のときは海外からの購買を増やすなど、調整を行うことで為替の影響を極力抑えるようにするといった具合です。

決して大地震を予想して、調達を一本化したわけではないのですが、この組織が今後、経営の効率化に貢献すると期待しています。

――大塚　東北リコーは、調達先である部品会社や原材料会社の被災によってサプライチェーンが滞るという事態に至らなかったのですか。

近藤　多少の影響はありました。組み立てなどに使っている部品の30％は、東北リコーで内製していますが、残り70％は外部から調達しています。そのうちの3割はリコーグループから、残りは主として東北の太平洋沿岸部にある部品メーカーから購入しています。

リコーグループも、国内外の工場が共通して仕入れている大手部品メーカーの影響を受けたのは事実です。

――大塚　リコーは、このところ、M&A攻勢をかけています。07年6月にIBM社のデジタル印刷機事業を830億円で買収し、

08年11月には欧米で400拠点以上のOA機器販売・サービス網を持つ独立系のディストリビューター、米アイコン・オフィスソリューションを1632億円で買収しました。

買収効果は出ているのでしょうか。

近藤　効果は十分に、出ています。プロダクション向けカラーデジタル印刷機のミドルセグメントでは、75～95枚／分のリコー製品が世界のマーケットシェアの60％を獲得しています。今まで利益を出せなかったアメリカで、利益が出るようになってきています。さらに、アイコンの買収によりリコーのMDSはゼロックス、HPに次ぐ世界第3位のシェアを持つまでになりました。現在、リコーはMDSを世界中で展開しています。ですからアイコンを買収しないと、リコーはそこまでのシェアをこの短期間で獲得することはできませんでした。

円高による影響がなければ、売上高は3年後の達成目標額である2兆4000億円をはるかに超えていたでしょう。しかし、大きく目減りしているんです。いずれの会社もユーロが160円、ドルが120～130円のころに買収していますから、海外の連中は、「こんなに売り上げを増やしているのに、円換算にするとこんなに目減りするとは」と嘆いています。

銀座の一等地でなぜオペレーションをしているのか

——大塚　リコーは、２０１３年度を最終年度とする新中期経営計画を打ち出しました。売上高を10年度実績比24％増の２兆４０００億円に、営業利益を同３・５倍の２１００億円に引き上げるという内容です。成長加速と企業体質の改善を同時に狙うべく、計画には攻守両面の施策がずらりと並んでいます。とりわけ注目を集めたのは、人員１万人の削減です。今後３年間で、グループ全体の約１割に当たる人員を削減するというものです。なぜ、大幅なリストラを断行するのですか。

近藤　この3年で、グループ全体の社員数は約3万人増えて、現在約11万人に膨張しています。それに、リーマン・ショックや大震災が加わり、収益力が大きく落ちてきている。グローバル競争の激化を背景に、印刷1枚当たりの単価が大幅に低下し、複合機もモノクロ機の販売台数が減少してきています。

そこで私は、思い切って、1万人のリストラをやると決断しました。リストラは、もっと早く、たとえば企業買収した直後、早急に断行すべきだったのでしょうが、部門ごとの組織の課題や人材をよく見てから踏み切ろうと、時間をかけて検討していたのです。

——大塚　**コレステロールがたまっているのは、どの部門だと思いますか。**

近藤　コレステロールは、随所でたまっています。とりわけ、営業部門は大企業病にかかっています。

リコーは「販売のリコー」と言われている会社なのです。グループ会社である販売会社「リコージャパン」は、発祥の地であるという理由だけで、東京・銀座に本社を置いています。

ところが、そこでやっていることは、外向けの仕事ではなく、内部の伝票処理、売掛金の回収、人事評価などのオペレーションです。銀座の一等地で、お客様に何も価値を生み出さない内向きの仕事を平然とやっている。100円の物品を買うのに伝票処理などで1000円ぐらいの作業コストをかけている。ほかにも営業担当者の人事評価に複雑な手続きを経なければならないとか、内部取引のための煩雑な処理とか。こういった作業は顧客価値を生まないのです。

他のグローバル企業はもうとっくに、事務部門を東京郊外に移すとか、インド・ムンバイや中国・大連の地元資本にアウトソーシングするといった具合に、コスト削減を行っているのに……。

私は、営業部門の幹部たちの意識改革を図るため、20年前出版されたマイケル・ハマーの著書『リエンジニアリング革命』を読ませました。それでも意識はそう簡単に変わるものではありません。昔の、強かった時代のリコーの営業というのを徹底的に教わってきているから、頭が切り替えられないのです。たとえば、営業マンは、商品を売ったら、お金の回収まで一貫してやりなさいということを伝統的に教わってきているのです。

そこで私は、「トップＯＡディーラー会」の壇上で、「利益を生まない仕事は一切やらなくていい」と言いました。営業は、受注を取るまでが仕事。その後のプロセスは次のプレーヤーに引き渡す。プロセスごとに仕事の標準化を行い、仕事を分担する。私は、オペレーションの仕事は将来的には中国なり、インドなりにアウトソーシングしようよとまで言っているのです。リコーは、他社が20年前にやっているリエンジニアリングを今、やっている。

——大塚　では、リコーの強さは何でしょう。

近藤　オフィスという分野における顧客接点力だと思います。つまり、強みは、どぶ板営業にあります。

強みを発揮するためには、営業マンの力を外側に向けさせるべく営業改革を成し遂げなくてはなりません。営業マンに内部のオペレーションの仕事をやめさせて、お客様に向かわせる。内部の資料を作るためにだけ、オペレーションにお金をかけているような会社が、お客様に本当に顧客価値を提供できるかということですよ。自分たちの売り上げ配分のためにだけ、一日の大半を割いている営業なんて、聞いたことがありません。

——大塚　顧客接点力を強化するためには、やはり一人ひとりの営業マンが

システム志向になって、顧客が求めるシステム改革を追求しなければなりません。

近藤　そうです。リコーは、ＬＥＤ照明管を販売しました。これは、蛍光灯に勝る明るさで消費電力とCO_2の削減ができます。省エネを追求するオフィスに対するエコソリューションの一環として出したものです。しかし、われわれの開発コンセプトはそれのみにとどまりません。ネットワークの機器としても使えるのではないかとも考えているのです。

　われわれの場合、開発コンセプトの入り方が他社とは違うのです。医療分野でも、われわれは医療器具そのものを手掛けるわけではありません。医療をやる人たちの手助けをするということです。だから私は、金鉱を掘るよりも金鉱を掘る人たちのサポートに回ろうよと言っている。

――大塚　では、リコーの弱みは何でしょう。

近藤　弱みは、一般消費者市場への販売チャネルがないことです。ここを突破しておかないと、せっかくインクジェットプリンターを作っても、小さなビデオ会議システムを作っても、あるいはタブレット端末機を作っても、それを売るチャネルがない。

　われわれがペンタックスのイメージング・システム部門をＨＯＹＡから買収することを決めたのは、カメラ事業を再構築するためですが、コンシューマーのチャネルを構築するためでもあるのです。

――大塚　リコーは、11年7月、HOYAが「ペンタックス」ブランドで展開しているデジタルカメラ事業を買収すると発表しましたが、カメラ事業の再構築は以前から計画していたのですか。

近藤　われわれにとって、一般消費者市場への参入は長年の課題でした。常に、カメラメーカーと一緒にカメラ事業を展開したいという構想を持っていました。旭光学さんも、その対象でした。ところが、旭光学は創業家との間で内紛が起こり、いったん、対象から外しました。

その後、アサヒペンタックス部門を買収したHOYAの鈴木洋CEOと知り合い、いつか、カメラ分野で一緒に何かやりましょうと、話し合っていたのです。今度出した、小さなデジタルカメラ「ペンタックスQ」を見て、私がファインダーが欲しいなと言うと、ペンタックスの技術陣はファインダーを入れたら、そこまで小さくならないと言うのです。ペンタックス部門の技術者はみんな、技術に誇りを持つ、優秀な技術者ばかりです。

――大塚　リコーは、今後どのようなビジネスを展開されますか。

以前、近藤さんは、今後は所有することよりも、利用することに価値を置くようになる。そのために、新品の商品を作り続けるのではなく、使う→メンテナンス→リニューアル→使う、というサイクルを推進したいとおっしゃっていました。

近藤　今でもそうです。ですから、われわれは東北の被災地に、空いている工場を探して、リユースセンターを作ります。

ニーズは変化しています。企業は、複合事務機器を買うのではなく、アウトプットを買うという考え方に変わってきています。つまり、価値観が「所有」から「利用」へと変わってきています。機器は新しくなくてもいいからプリント単価を抑えてほしい、というお客様が増えた。昔なら廃棄する機器を、もう一度綺麗にして、お使いいただくというやり方が主流となってきたのです。

リコーは、エネルギーの消費量を減らしていくための努力を続けていきます。そのためにも、多くのエネルギーを消費して、大量に作って、ゴミとして処分するというやり方ではなく、しっかりした商品を作り、長く利用していただくという方向へ向かっています。

――大塚　そう言えば、リコーは、フォルクスワーゲンと万単位で事務機器をリース契約しています。

近藤　そうです。海外も、フィナンシャルも含めて全部、お客様をサポートしようという方向で、見直しています。

――大塚　3・11を機に、日本企業は、現地生産が加速する可能性がありますね。

現地で売るものは、現地の原材料を使って、現地で作るという地産地消が……。

近藤　その方向に向かうのは間違いないでしょう。同時に、経営者も、従業員も、現地化していきます。

その場合、「日本企業」というブランドを残さないといけない。日本企業の強さとは何か、を示さないといけない。今、ｉＰｏｄにしろ、ｉＰｈｏｎｅにしろ、ｉＰａｄにしろ、アプライアンスの部分をどんどんアメリカに持っていかれている。しかし、日本企業は、次の世代で取り返

すことができると私は思っています。

——大塚　さて、近藤さんは「ことづくり」という言葉を使っておられる。「ものづくり」の前に、「ことづくり」があると。

近藤　そもそも、「ものづくり」、「ことづくり」というのはＩＢＭの言葉なのです。売りっぱなしではいけない。世の中はどんどん変化する。その中で、生産性、効率を上げるためには、発想から変えていく必要があると思います。

「ことづくり」というと、サービスやソリューションに特化して「ものづくり」をやめるのかと誤解されることが多い。私が言う「ことづくり」は「こと」を一生懸命につくらないと、「ものの」がよくならないという意味です。「もの」だけに集中すると、それをすべての中心に置く天動説のような考え方になってしまう。「もの」の中に、すべてのソリューションを入れてしまおうという発想なのです。

私たちは、新しい事業を立ち上げようと一生懸命にがんばっている人たちをサポートしようとしています。たとえば、医療分野。医療をやっている人たちのところへ行って、「何かご用はありませんか」と言うのでは話になりません。またプロジェクターやタブレット端末機など、機器を提供するだけでもダメです。そこの人たちが目指す医療ビジョンに基づいて環境設定から接続に至るまでをさせていただいて、実際に使えるようにしてさしあげる。そして生産性の向上をサポートする。

新商品を出したとき、「これ、何だよ、砂粒じゃないか」と言われたとします。でも、砂粒でも次々と糊でくっつけていけば、最後はコンクリートになる。最近、うちの営業マンたちは、新商品を、お客様に合わせてテーラーメードして、複合的なサービスとして提供するようになりました。だから、モノだけでもダメ、ことだけでもダメなのです。2つが一緒にならないといけない。

——大塚　最後に、近藤さんはリコーをどんな会社にしたいとお考えですか。

近藤　夢のある会社ですね。働いている社員が夢を持てる会社にしたい。また、リコーのお客様がリコーの商品を使って、新しい何かを創造できるような、夢が持てる商品、夢のあるサービスを提供できるような会社にしたいと思います。

Chapter-5

樋口武男

大和ハウス工業会長兼CEO

世の中のためになることは何か。夢のあるビジョンを今すぐ提示すべきだ。

●ひぐち・たけお
1938年兵庫県出身。関西学院大学法学部卒業後、63年大和ハウス工業へ中途入社。猛烈な営業力で活躍し'93年大和団地社長に。2001年同社が大和ハウスに吸収合併され社長に就任。'04年より現職。著書に『熱湯経営』などがある。

全国3ヵ所に備蓄基地を確保する必要がある

「3・11以降、多くの方の関心が強くなったのは耐震性です。現在、中古住宅が5680万戸ありますが、このうち約1050万戸が今の耐震基準ができる前に建てられた住宅です。

政府は2030年までに95％を耐震化するという方針を出していますが、それではあまりにも遅い。3〜4年の時限立法で、金利面で優遇措置をとるとか、補助金を出すなど、インセンティブ（奨励金）を与えてでも耐震化すべきです。選択肢は、全部を耐震補強するか、建て直すか、あるいは解体するかの3つです。政府は今こそ思い切った住宅政策を実行に移し、安心・安全な国づくりに邁進《まいしん》しなければならないと思います」

インタビューの途中、私が、「3・11以降、住宅のニーズは変わりましたか」と問うと、大和ハウス工業会長兼CEO（最高経営責任者）の樋口武男は一気に答え、さらに続けた。

「今や、インセンティブであるエコポイントとフラット35Sは、駆け込み需要のために予算を使い切ってしまった。これらがなくなると販売戸数は大幅に減少し、景気の悪化に拍車がかかるでしょう。10万戸減少すると、雇用で32万人、GDPで2兆8000億円、住宅関連まで含めると4兆8000億円のマイナスになります。国の税収も4000億円ほど減ります。

そこで、私が会長を務める住団連（住宅生産団体連合会）では、インセンティブを復活させ、内需拡大による景気浮揚策をまずやってください、そうしないと地震、津波、原子力発電所の事故に次ぐ、『大不況』という4次災害が起こりますよ、そう、政府に提言しているのです」

大和ハウス工業は、住宅総合メーカーの最大手。2011年度期は2期連続増収増益を見込むなど、元気がいい。因みに、2011年3月期連結決算では、売上高は対前年同期比5％増の1兆6901億5100万円、営業利益は同39・8％増の876億9700万円、純利益は同42・7％増の272億6700万円。

同社の強みは、戸建て住宅事業、店舗を建設する流通店舗事業、賃貸住宅を建設する集合住宅事業、事務所や物流センターを建設する建築事業の4つを基幹事業として持っていること。そしてそれぞれの市場でトップクラスのシェアを占めていることだ。特筆すべきは、地主とのネットワークを持つ流通店舗事業と集合住宅事業は緊密な連携により相互にシナジー効果を発揮し、それが業績に反映されている点である。

そこにこそ、大和ハウスのエキスパティ（特殊性）があり、リーマン・ショックに端を発する景気後退によって業績不振に陥った業界の中、利益を上げ続ける要因がある。

同社は、2014年には、売上高2兆円、営業利益1200億円に拡大する計画を掲げる。そのために、中国などの海外事業の強化と、環境エネルギーや農業、ロボットなど新しい分野の事業育成に力を入れている。

そんな大和ハウスも、3・11では、グループ企業のロイヤルホームセンター(宮城県塩釜市)と大和物流(宮城県)が津波で被害を受け、裏磐梯ロイヤルホテルと宮城蔵王ロイヤルホテルが、配水管が損傷するなど、被害を受けた。特別損失は79億円に達する。

大和ハウスグループ経営の舵取りを行う樋口の経営手腕は、つとに知られる。

1993年6月。大和ハウスの専務だった樋口は、創業者の故石橋信夫(前相談役)の命を受け、経営不振に陥っていたグループ会社「大和団地」の社長に就任するや、組織のモチベーションを低下させるような役員は容赦なくクビにし、不振店の支店長を交代させるなど、全社員に危機意識を持たせる一方、支店を増やすなど攻めの経営も実施した。樋口は、矢継ぎ早の経営改革を断行し、2年目から黒字化、7年目には復配を実現した。

樋口への石橋の信頼はいっそう高まり、復配が終わると、大和ハウスの役員の兼務を命じられ、非常勤役員になった。そして、2001年4月、大和ハウス工業との合併に伴い、樋口は同社7代目社長に就任した。

大和団地時代、経営改革を行ってきた樋口にすれば、大和ハウスは大企業病にかかっていた。社員のモチベーションは低下し、管理職はマンネリ化に陥り、惰性で仕事をしていた。業績も、ピーク時に900億円を超えた経常利益は400億円にまで落ち込んでいた。

以来、樋口は石橋に相談しながら改革を進めていく。まず役員の任期を2年から1年に変え、さらに17年間続けてきた事業本部制を廃止し、支店長に権限を与える支店制に移行した。また、赤字を出した支店長はボーナスをゼロにするなど、信賞必罰も明確にした。

最も苦しい決断は、固定資産の評価損など2100億円を一括処理し、創業以来初の赤字決算を断行したことだ。創業者が作った組織を改革し、ずっと掲げてきた「赤字は悪」という経営哲学に反する決断だった。効果は04年3月期に表れ、連結売上高1兆2246億円、経常利益726億円と、V字回復を達成した。その間の2003年2月、石橋は他界した。

樋口は、04年4月、会長兼CEOに就任、グループ全体の長期戦略と経営ビジョンを掌握する。

現在、プレハブ建築協会など10業界団体で構成する「社団法人住宅生産団体連合会」(住団連）の会長を務める。

――大塚　樋口さんは、大震災発生のときは何をされていましたか。

樋口　東京行きの上りの新幹線の中にいました。地震が発生して、京都でいったん止まりました。また、動き出して、結局、岐阜で止まってしまいました。私は、下りの新幹線で大阪へ引き返しました。その日は新幹線に5時間も乗っていました。翌12日、午前中は本社へ出て、「社員、契約社員、パートの人たちまで、全従業員の安否確認を最優先でやれ」と指示しました。結局、社員は全員、無事でした。

頭をよぎったのは応急仮設住宅のことでした。これは大災害だから、応急仮設住宅が阪神・淡路大震災のときよりもたくさん要るだろう。プレ協（プレハブ建築協会）だけでなく、木住協（日本木造住宅産業協会）、2×4《ツーバイフォー》協会（日本ツーバイフォー建築協会）など、住宅業界全体で力を合わせて、仮設住宅を供給しないと間に合わないだろうというわけで、住宅に関する団体を統括している住団連に業界の震災対策本部を設置しました。14日の月曜日の朝、住団連の対策会議で、住宅業界全体で全力を挙げて復旧のための仮設住宅の供給支援を行うことなどを確認したのです。

午前中に、国土交通省に赴き、大畠章宏大臣からの要請をうかがいました。2ヵ月で、3万戸の応急仮設住宅を供給してほしいということでした。

16日の水曜日、住団連の傘下10団体の責任者に集まってもらって、大臣からの要請を伝え、最大限応えられるように努力しようと確認しました。

――大塚　その後、3万戸追加要請をされたそうですね。

樋口　そう。5ヵ月で合計6万戸になった。これが2回目の要請です。ところが、被災者が自分で探した民間賃貸住宅にも補助金を出す「見なし仮設」制度の利用者が予想以上に多く、地元業者への発注もあり、最終的には住団連への要請分は、4万3000戸になりました。

――大塚　樋口さんは3・11をどう受け止めていますか。

樋口　仮設住宅の材料の備蓄の必要性を強く認識したということですね。国民のために、備えあれば憂いなしという状況にしてもらわないといけない。

今回の大地震は、想像を絶する大惨事でした。私は、プレハブ協会の会長時代の5年間、新潟県中越地震（04年）、福岡県西方沖地震（05年）、能登半島地震（07年）、新潟県中越沖地震（07）、岩手・宮城内陸地震（08年）の計5回、地震を経験しています。その都度、応急仮設住宅の建設を要請されていましたから、今回も仮設住宅のことで頭がいっぱいになりました。しかも、今回は大規模の震災なので、5万戸以上は必要になるだろうと予想しました。結局、住団連としては4万3000戸を建設することになりましたが、問題は資材や建材の調達でした。

今、私は、仮設住宅の備蓄基地の必要性を訴えています。地震国日本は巨大地震発生の確率が非常に高い。東海・東南海沖地震発生の確率は87％といわれ、東京直下型地震の確率も高いという。巨大地震に備えなければならない。

私は、東日本、西日本、中日本の3ヵ所に国有地を活用した備蓄基地を確保する必要があり、備蓄戸数は各5000戸で合計1万5000戸は要るだろうと思います。このことは、4月に、大畠大臣に提言しました。大臣は、「それは大事なことですね」と賛同はしてくれました。ぜひ、実現させていただきたいと思います。

――大塚　仮設住宅の建設は遅々として進みませんでしたが、それはどうしてですか。

樋口　用地が容易に確保できないからです。被災者が納得して住める場所を探すのは難しい。そのために月日ばっかり流れていきましたね。

これからの復興計画については、確かに、東北の太平洋沿岸地域は地形的に海と山ばかりで、高台に平野がないなど、難しい点が多々ありますが、最大の問題は国と県、それと被災した市町村、避難所におられる被災者の方々の考え方が一本にまとまっていないことです。バラバラです。

まず、市町村と県、国は、被災された人たちの気持ちを十分汲み取ったうえで、今後の復興計画を進めるべきです。土地は調整区域であっても、必要性に応じて特区にする。期限も2年から3年ないし4年へ延ばすなど工夫する。そして、夢のある街づくりにつながる復興ビジョンを提案すべきだと、私は訴えているんです。

国は県とも、市町村とも、そして被災者の皆さんともよくすり合わせをして、夢のある生活ができるという、ユートピア（理想郷）の形を見せることが大切になります。夢を持てるようなビジョンがあれば住民の方々も納得して3年ないし4年という月日を待てると思います。

――大塚　樋口さんが思い描かれるユートピアとはどういうものですか。

樋口　阪神・淡路大震災と違うのは、阪神・淡路の場合は被災地域が市街地中心であり、被災者の多くが会社勤めの人であったのに対して、今回は東北の3県にまたがって500キロにも及ぶ沿岸地域が被災し、被災者の大半が農業・漁業で生活している人たちだということです。

漁業をやりたいからといって海の近くに家を建てたら、また被災する可能性がある。住宅は奥地の高台につくり、荷揚げ場、荷捌き場などの作業場は海の近くにつくる。つまり、職住を離すわけです。

津波で住めなくなった土地は、所有面積に応じて国が買い上げてあげる。そうすれば被災者は当座の生活資金が得られ、ユートピアに新居を構える頭金にもなる。

国は、跡地を鎮魂の森といったような緑地帯にして、そこに慰霊碑を建ててあげる。そうすれば遺族の方々は慰霊碑へお参りができます。

——大塚　高台に平野はないとすれば、山を切り開いて、造成するしかない。

樋口　そうです。高台を大々的に開発するんです。そこに、100万坪とか150万坪の大規模な街をつくる。学校も、病院も、公園も、老人ホームも、ショッピングセンターもある、機能の充実した街です。住宅も、高齢者のための中高層のマンションから、若い子育て夫婦のための一戸建てまで、さまざまある。そうすれば、同じ村や町に住んでいた人たちと一緒に、元通りの生活ができるようになる。その代わり、被災者の方々に対して、「4年お待ちください」と言わなければなりません。

阪神・淡路大震災のときは、2年の期限が過ぎても、そのまま仮設住宅に留まった人がいました。また、独居老人の孤独死という悲惨な事例もありました。

そういうことが起こらないよう、国や地方は被災者の方々に対して、「4年後は新しい街で、みんなと一緒に生活できるようになります」と、ビジョンを掲げ、夢と希望を与えなければなりません。それが行政の役割というものです。

——大塚　被災者に夢と希望を与える。

樋口　そうです。新しい街は、スマートシティ、コンパクトシティといった考えを採り入れ、高齢者に優しく環境にも配慮した安心安全の街にする。

また、電柱は立てず、全部地中埋設し、緑地帯の多い、外観の美しい街にします。そういう夢のある街づくりを実現すべきだ、と提言しています。

——大塚　今回の震災を機に、日本の産業界に共生の概念が出てきたように思います。自動車産業では節電のための「輪番制」、コンビニや飲料メーカーでは物流の協働化、百貨店ではお中元お歳暮の商品の共有化などです。住宅産業ではいかがでしょうか。

樋口　住団連挙げて、復旧復興支援活動を行うというのは、広い意味で共生ですね。

私がまだ大和ハウスの役員時代の1988年、九州のあるオーナー社長が、「今は競い合う競生ですが、いずれはともに生きる〝共生〟に変わっていかないといけない」という話をされたのを思い出します。私は、どの業界も現在ある企業がすべて将来生き残れるかと言うと、生き残れない、自然淘汰されて3プラス・マイナス1の構図に変わっていくだろうと思います。とくに新しい事業では、生き残るのは難しいと思います。

――大塚　どういう分野の事業なら生き残れるとお考えですか。

樋口　創業者の故石橋信夫は、「先の先を読め」。世の中に役立つ新しい事業は何か、先の先を読めば答えが出てくると言いました。

日本の人口は、今の1億2500万人から2046年に1億人を切り、2055年には9000万人を切るといわれています。一方、世界の人口は70億人から2050年には92億人に増える。つまり、世界で日本の人口は減るというわけです。

すると、まず食料問題が出てきます。日本の食料の自給率は39％。61％は海外に依存しています。しかし、50年になると外国に依存できなくなる可能性がある。人口増加によって外国の食料需要が拡大するからです。だから、今のうちに農業の工業化を推進しなければならない。日本の55年の生産労働人口は50％しかいない。あとの50％は65歳以上もしくは15歳未満です。それが、われわれの進むべき道の中に農業を入れた理由なのです。

トップに私心や私欲が出たら会社も国も潰れる

――大塚　樋口さんは、社長就任以来一貫して創業者石橋信夫さんの経営理念や考えを訴えています。

樋口　創業者の考え方、教えを守るのは経営を任された者としての当然の義務だと思います。そのために、年間40回前後行っている講演では、終始一貫、創業者に感謝する気持ちを伝えています。

今日、大和ハウスがあるのは創業者のおかげです。あの方がおられたからこそ、大和ハウスグループがあるのです。あの方の教え、あの方のＤＮＡは普遍的なものです。経営手法は時代の変化に応じて変えればいいのですが、理念や考えは不変です。

石橋オーナーは、社員を大切にし、社員の家族のことをおもんぱかり、会社を社会的使命を果たすべき公器とまで言い切っていました。そういう考えを継承していくことが、大和ハウスをサステイナブル（持続可能）な企業にすることだと確信しています。

石橋オーナーは私に言いました。「１００周年のときに、10兆円をやってくれ。それがオレの夢や」と。私はそれを忠実に受け止めてやっているつもりです。

――大塚　パナソニックの中村邦夫会長が、社長時代に、「創業者の経営理念は不変です。しかし、経営のやり方は時代の変化に伴い、どんどん変えていかなくてはなりません」と言って、改革を成し遂げられた。

樋口　松下幸之助さんが81歳のときの講演ＤＶＤを拝見しましたが、ものすごく矍鑠《かくしゃく》とされています。とても、81歳には見えませんでした。強く印象に残っているのは、松下幸之助さんのこの言葉でした。「私はこの年になってもまだ会社に大きな影響力を持っています。会社に大きな影響力を持っている人間は、私心との闘いです。毎日が、私心との闘いです。トップに立つ人間に、私心とか、私欲が出てきたら会社は潰れます。だから私は私心、私欲が出ないよう、毎日、闘っているんです。それが出てきたとき、会社は潰れる。国も一緒です」。素晴らしいお話ですね。その言葉を肝に銘じています。

また、幸之助さんは若かりしころ、「会社は社会の公器です」という話をされている。石橋オーナーも、同じことを言っていました。石橋オーナーは幸之助さんとお会いしていますが、薫陶を受けたのかもしれませんね。石橋オーナーは亡くなる前、私に、「3万人の従業員に給料を払っている。その後ろには家族がついている。だから樋口君、会社をおかしくすることは絶対できへんのや。会社は社会の公器やからな」と言いました。

――大塚　企業は単なるプロフィットセンター（収益センター）ではない。されど、利益を出すことが企業の最大のミッションであることも事実です。

樋口　そうです。だから私は、社内で新しいことをやるときに判断基準を5つ持てと言っています。①お客様にとって良いことか、②会社にとって良いことか、③社員にとって良いことか、④

株主にとって良いことか、⑤社会にとって良いことか――。

――大塚　「自分にとって良いことか」はありませんね。

樋口　自分が出てきたら仕事はうまくいきません。そこで、私はリーダーが持つべき品性を4つ挙げています。1つは公平公正であること、2つは無私であること、私欲を持ってはいけない、3つはロマンを持つ、常に夢を語れ、4つは使命感を持つということです。

リーダーが持つべき4つの力は、「先見力」「判断力」「統率力」「人間力」。最後の人間力が一番大切ですね。人間力があれば、先を見る力も統率力も、判断力も、実行力もついてくる。この4つの力と4つの品性を備えている人間をどう見出し、どう育てるのかが、会社の将来を左右すると思います。

――大塚　4つの品性の中で、樋口さんご自身が最も強いと思われる部分はどこですか。

樋口　使命感です。公平公正であることも自信があります。

――大塚　使命感さえあれば、自然と公平公正になるでしょう。

樋口　公平公止にならざるを得ない。

私は毎年年末に小学5年生のときの、担任の女性の先生を囲んだ同窓会に出席しています。先生は93歳になられています。普段は11～12名なのですが、先生が出席されると、どういうわけか

20名くらい集まる。他の先生はそんなに集まらない。私が、「なぜ、あの先生のときには大勢集まるんや」と言うと、みんなが異口同音に、「あの先生は誰に対しても公平やった。えこひいきをしなかった。だから生徒が慕うんや」と言うのです。

会社も一緒です。幸之助さんは、「会社が潤沢にいくためにはトップは私利私欲を持ってはいけません。なくせいといっても、人間だから完全にはなくせない。しかし、それは表に出したらいけない。だから自分の中で葛藤している」と言っていますね。

――大塚　２００９年度の国内住宅着工数は77万５０００戸と45年ぶりに80万戸を下回った。２０１０年度も82万戸にとどまっています。今後も１００万戸を上回るのは難しいでしょう。売り上げ10兆円にするためにはいかに手を打っていくか。樋口さんは、13年度には売り上げ2兆円を目標に掲げていますが、どうやって達成されますか。

樋口　国内の住宅事業だけで2兆円を達成するのは、厳しい。日本の市場は縮小していく。目標を達成するにはまず、海外の需要を取り入れなければいけません。海外事業の強化です。もう一つは、新しい事業の芽を育て、グループ会社の育成を行うことです。

現在、大和ハウスのグループ82社の連結売上高の単独売上高に対する倍率は、03年3月期の

1・13倍から11年3月期には1・6倍に増えてきている。グループ企業が頼りになると言われるためには、2倍にしないといけないと言っています。10兆円企業を実現するには、連単倍率を3・7とか、3・8まで高めないといけない。

そのために何が一番必要かというと、私は、人材の育成だと訴えています。

――大塚　住宅事業を拡大するための手段として、同業他社との経営統合とか、M&Aは考えていないのですか。

樋口　経営統合は難しい。それは過去に建てられた住宅の保証も全部引き継ぐことになるからです。工法が違うから対応が難しい。

以前、私のところにも、買収話がもたらされましたけど、お断りしました。買収してもうまくいかないことがわかっているからです。同じ創業者がつくった大和ハウスと大和団地の合併でさえ、両社が融合し、経営が軌道に乗るまで2年半かかりました。私は大和団地の再建を果たした後、大和ハウスとの合併を行いましたが、辞める社員が続出するなど、いかに経営統合が難しいかを肌で感じました。先ほど挙げた「お客様のためになるか」「社員のためになるか」などという5つの判断基準に照らし合わせても、全部丸はつきませんね。

ゼネコンが経営不振に陥っても、経営統合しないのはメリットがないからだと思います。

——大塚　住宅事業は拡大する方法はあるのですか。

樋口　これから住宅のシェアは変わるでしょう。市場の縮小に対応できる会社とできない会社が出てくる。つまり、自然淘汰が進むということです。

私はこれからの住宅の営業は、営業スタッフを張り付けるのではなく、お客様に口コミで営業していただけるようなものでなければならないと思います。腕のいい大工さんの手による在来工法がそうでした。

昔、私の伯父が大工をやっていましたが、なかなか人気があり、いつも3年先の注文をもらっていました。なぜかと言うと、伯父は、いい家を建てる、何かあったらすぐに駆けつけて来てくれる、後々まで相談に乗ってくれるからだということでした。

家を建てたら、親戚の人や近所の親しい人が新築祝いに駆けつけてくれますね。私も母親と一緒に御呼ばれに行きましたが、宴席で「この家はええな。しっかりしたつくりやな」「今度、オレにも紹介してな。うちも建て替えなあかんのや」「この大工さんはよう気がつくらしいで」と、伯父の評判が話題になったのを子供心に覚えています。

伯父が繁盛したのは、すべて口コミです。住宅が土着産業であり、口コミ産業であると言われる所以です。

だから私は、CSR（企業の社会的責任）やCS（顧客満足）運動を強化して、いかにお客様に支持される会社にしていくかが、キーポイントだと言っています。今、言い始めたわけではありません。若いころから、「住宅の受注は、7割が紹介で受注できるようにならないとトップになれない」と言ってきました。

――大塚　シェア拡大は時間との戦いです。速度を高める方策は何でしょう。

樋口　われわれは今、CSを強化して、顧客満足度を高めようとしています。毎日地道に努力するだけです。事業を伸ばすのに特効薬なんかありません。

流通店舗事業と集合住宅事業は、お世話になっている地主様の集まる「オーナー会」を設けていて、建設後も継続的にお付き合いしながら、さまざまな情報提供、フォロー支援活動をさせていただいているのです。また、毎年、親睦を目的とした旅行会や講演会、勉強会なども催しています。大和ハウスは、流通、集合、両方合わせて7万人のオーナー様たちを継続してフォローしているのです。今日の大和ハウスがあるのは、大和ハウスを選んでいただいたオーナー様たちのおかげだと思います。そのオーナー様たちの満足度を、いかに高めていくかが、きわめて大事なのです。

オーナー様の中には、大和ハウスに財産管理まで委託している方もいます。先日、ある運送会社の社長がこう言っていました。保育園の建設用地を探していたら、手ごろな土地が見つかったので、地主と交渉した。「こういう保育園を建てさせてほしい。土地を譲ってください」。すると、地主さんは、「土地は、売りません。運用は代々、大和ハウスさんにお任せしています」と言った。結局、回りまわって、大和ハウスがその地主さんから土地活用を任され、建物を建ててテナントとして保育園に入っていただくことで話をまとめさせてもらった、ということでした。

オーナー会のメンバーには、2代目、3代目のオーナー様もいます。人間関係を続け、ずっと繋がっていくよう努力しています。

——大塚　大和ハウスは83年から中国への進出を果たしています。最初は外国人用の住宅建設や、賃貸住宅事業をてがけ、04年からは不動産開発事業に参入しています。大連市に2ヵ所と江蘇省蘇州市に1ヵ所の大規模マンションを開発し、09年から順次販売を始めています。手ごたえはいかがですか。

樋口　大連では、最初のプロジェクトで963戸を販売し、ほぼ完売でした。2ヵ所目も2145戸のマンションを販売していますが、売れ行きは好調です。

蘇州では、われわれは日本企業として初めて中国企業と資本提携せずに、100%出資の子会社を設立しました。そして09年7月から総戸数902戸の大規模分譲マンション開発事業を開始し、売り出したら、第1期は数日間で完売しました。

いままで、中国の建設会社が建てたマンションは横降りの雨がサッシ回りから入ってくるなど、日本では考えられないような問題が多々ありました。それじゃダメだと、われわれは、日本人の現場監督を配置して、図解しながら現地の建設会社の人に、「ここはこうするんですよ」と全部教えてきたのです。その結果、中国の人からすれば信じられないほどの高品質のマンションが出来上がったわけです。蘇州のマンションが販売好調なのは、安心・安全で、かつ環境に優れた部材を用いて、日本で蓄積したノウハウを駆使してつくったからなのです。

経営者の中には、「中国に教えたら盗まれる」という人がいます。それに対して、私はこう反論します。

「盗まれてもいいじゃないですか。日本も戦後、アメリカのまねをして復興してきたのではないですか。これから発展していこうとする国は日本の技術をどんどんまねします。それはけっこうなこと。われわれがもっと上の技術を開発すればいいだけのことでしょう。だから盗んでくれていいのです。まねしてもらうぐらいの技術じゃないと普及はしない」と。

——大塚　中国奥地での展開はいかがですか。

樋口　私は今、日中建協（日中建築住宅産業協議会）の会長を務めています。今、国交省と打ち合わせをして、中国政府と連携を取りながらスマートハウス、スマートグリッドを導入した新しい街づくりと農村住宅づくりに対してサポートしています。中国政府は、富裕層が人口の10％を超えましたから、これからは農村の人がちゃんとした住宅に住める政策をやっていかざるを得ないようです。それをわれわれも一緒になって、推進していくということです。

――大塚　他の国々での展開はいかがでしょうか。

樋口　ベトナムでは3年前、ハノイに駐在員事務所を設け、ホーチミン近郊に工業団地を手がける計画を進めています。

先日、37歳の課長が「提案を聞いてください」と、僕に直訴してきました。秘書に言って時間を取らせたら、彼は地図を広げながら、「マレーシアは非常に有望だと思います」と言う。彼は一生懸命にしゃべっている。私はその話を聞きながら、本人の顔をジーッと見ていました。話の内容よりも、本人の熱意、意欲を重視するんです。「拠点をつくってください」と言うから、私は言った。「話はわかった。現場を見てこないといけないな。君が現地へ行って目と足で確認し、社長として行く覚悟を持ってやるのなら、拠点やなしに会社をつくったらいい」。

その後、彼はマレーシアへ行って調査してきた。帰ってきて報告を受けました。役員会に諮《はか》りますが、まず通ると思います。

私は意欲のある人間にはチャンスを与えると言っています。失敗しても、会社は潰れないし、本人も若いからまだやり直しができる。人というのは、意欲のある間にチャンスを与え、もしそれがうまくいけば、さらに大きく成長します。

――大塚　ところで、新規分野へ参入して、新しい事業を育てるのはなぜですか。規模を拡大するためでしょうか。

樋口　現状維持は後退を意味する。それは石橋オーナーの口癖でした。そして、何をやったら儲かるかという発想で新規事業を起こしてはいけない、何が世の中のためになるかという観点で事業を考えろとも言われました。

「商売は勘が先や。理論は後からついてく

る」。このオーナーの教えに従って、世の中に役立つことは何か、世の中に必要とされるものは何かを絶えず意識していれば、ピピッときます。

私が掲げた旗印は、「フカケツノ（不可欠の）」でした。すなわち、福祉、環境、健康、通信、農業の頭文字です。それに安全、安心、スピードの「アス（明日）」を加えて、「アスフカケツノ」というキーワードを社員全員に指示しました。

福祉関連は私自身の手で22年前に立ち上げた「シルバーエイジ研究所」を中心に、数多くの高齢者向け施設や病院を建設しています。環境問題にも取り組んでいます。大和ハウスも出資している「エリーパワー」は、川崎市に工場を建て、大型リチウムイオン蓄電池の生産を行っています。健康は全国にスポーツクラブを展開する企業をM&Aしました。また、私がトップダウンで推進しているものの一つに、在宅健康チェックシステムの「インテリジェンストイレ」がありま す。尿糖値、血圧、体重、BMI値（肥満度）を測定できるトイレです。女性なら尿温度の測定でホルモンバランスがわかり、排卵日まで予測できる。うちのほとんどの住宅に標準仕様で入っていて、好評を博しています。

通信は、こうした健康情報を医療機関にリンクさせるなどの形で進化させたいと思います。

農業の工業化は、先ほど言ったとおりです。

——大塚　新規産業といっても、「住まい」「生活」に関連する事業ばかりです。正確に言うと事業の多角化ではないですね。

樋口　そうです。「住宅」「人々が安全、安心に暮らす」「人々が健康になる」「夢とロマンと遣り甲斐を持って生きる」という事業コンセプトの心棒があって、それに枝葉をつけているという感じです。

——大塚　社員のモチベーションを高めるにはどのようにすればいいのでしょうか。

樋口　私は今の大和ハウスの役職員、グループの役職員のモチベーションは非常に高いと喜んでいます。ですから、景気はよくないと言われますけれども、大和ハウスの11年度の連結売上高1兆7500億円、連結営業利益950億円を見込んでいます。

社員のモチベーションは上に立つ役員とか管理職の姿勢に左右されます。公平公正に部下を扱う、私利私欲を持たない、使命感を持ってビジョンに向かっていく。そうすれば社員は遣り甲斐を感じ、モチベーションが上がるでしょう。

上に立つ人間は、社員が4万人いたら、8万の目で監視されていると思わないといけない。下から上を見たほうがよく見える。公平公正であるか、私利私欲があるかないかは、下からは丸見えです。人事を間違えなければ、会社は大丈夫です。

Chapter-6

隅 修三

東京海上ホールディングス社長

内需拡大の仕組みを、2〜3年で作る必要がある。

●すみ・しゅうぞう
1947年山口県出身。'70年早稲田大学理工学部卒業後、東京海上火災保険入社。商品開発、法人営業などの部門を経て、2000年取締役海外本部ロンドン首席駐在員、'05年専務取締役、'07年より現職。

地震保険の事故受付件数は合計約20万件

「3・11で、日本人の人生観は根源的な部分で変わったと思います。一瞬にして、人も、家も、街も押し流す鮮明な映像は、日本人だけでなく、世界の人類の記憶の中に永久に残るでしょう。しかし、その一方で、変わっていない部分もあります。世論や政治が、空気で動くのではなく、科学的、客観的事実そして法律に基づく議論をしていく必要があると思います。たとえば、原発の問題です。今回の事故の責任論も明確な議論はなされていません。また、再生可能エネルギーの活用も歓迎ですが、PWR（加圧水型軽水炉）、BWR（沸騰水型軽水炉）、新型などのすべての原発が悪いという風潮、空気で突っ走るのはおかしいと思います」

インタビューの冒頭で、私が「3・11で変わったことは何だと思われますか」と訊ねると、東京海上ホールディングス社長の隅修三はこう語った。

東京海上ホールディングスは、2002年、東京海上と日動火災が経営統合して誕生した保険持ち株会社。現在、東京海上日動、日新火災、東京海上日動あんしん生命、東京海上日動フィナンシャル生命、米国フィラデルフィア社、英国キルン社など約200社のグループ企業により構成される。

２０１１年３月期連結決算の経常収益（売上高に当たる）は３兆２８８６億円、経常利益は１２６６億円、純利益は７１９億円。

東京海上グループの特徴は、東京海上日動をグループ中核とし、国内損害保険事業、国内生命保険事業、海外保険事業および金融・一般事業を広く展開する点だ。近年、既存の海外拠点を拡充する一方、M＆Aにより収益機会を拡大している。因みに、ここ数年の買収企業は、シンガポールやマレーシアで生・損保事業を展開する「アジア・ジェネラル・ホールディングス社」（07年6月）、英国ロイズ「キルン社」（08年3月）、米国損害保険グループ「フィラデルフィア・コンソリデイティッド社」（08年12月）、米国損害保険会社「ファースト・インシュアランス・カンパニー・オブ・ハワイ」（11年11月）などがある。現在、同グループは、世界39の国・地域、４２７都市にネットワークを展開している。この結果、東京海上ホールディングスの経常収益、修正利益に占める海外比率は、それぞれ約20％、約40％と高まっている。

今回の震災による、東京海上日動、日新火災の地震保険の事故受付件数は合計約20万件（11年10月現在）にのぼる。

東京海上日動では、震災で、いわき支社をはじめ、石巻支社、気仙沼支社、釜石支社の4支社が、一時閉鎖を余儀なくされた。ただ、いずれの支社も、11年4月半ば〜5月半ばには復旧し、福島原発に近い原町支社を除き営業再開をしている。

同社の被災地への支援活動は早かった。震災後直ちに災害対策本部を立ち上げて、翌3月12日には、先遣隊第一陣が被災地へ支援物資を持参している。さらに、翌週の月曜日の3月14日には、4トントラック2台で食料品を中心とする救援物資を搬送した。その後も、3月15日には食料品、原付バイク10台、パソコン端末などを4トントラック2台で搬送。さらに3月18日には、全国から集まった乾電池を、また3月26日にはディーゼル車16台を被災地へ届け、4月5日には各種救援物資を載せた4トントラックの最終便を被災地へ搬送している。これまで累計23台の4トントラックで物資を搬送している。

現地へ派遣した社員は、グループ会社合計で延べ9000人にのぼる。4月半ばのピーク時には、1600人の社員を被災地へ派遣し、5月の連休明けには、事故を受け付けた物件の90％の立ち会い確認を済ませている。

隅は、グループの成長を加速するために、グローバル化の推進と業務プロセスの革新に腐心する。グローバル化の進展は前述のとおりだが、隅が社長になる以前の２００４年から取り組んでいる業務革新プロジェクトは、現在も、社内革新、風土改革につながる活動として進化させ続けている。

業務革新プロジェクトで、新しいシステム・商品・サービス・業務プロセスづくりを自動車保険から開始し、その後、火災保険、超保険と続々と完成させた。この一連の改革によって、「商品ラインナップの整理・統合、簡素化」「システム基盤の再構築によるシステム開発効率の改善」「ＩＴシステムの高度化による業務プロセスの刷新」を実現し、顧客に提供する品質を飛躍的に向上させるとともに効率的な業務プロセスを実現した。

業務革新プロジェクトの推進によって、企業風土の改革を断行する隅に、３・11と日本、生き残り戦略を聞いた。

――大塚　3・11で日本は変わったとお考えですか。

隅　変わりました。まず、リスクに対する企業や個人の感応度が高まりました。遠い将来にあるかもしれないと漠然と考えていた大地震が眼前で起きたわけですからね。人類史上初めてのあの大津波のライブ映像。テレビで実況放送された、目の前に襲ってくる大津波の映像は、これから

100年間、世界で繰り返し流されることでしょう。それから福島第一原子力発電所の1号機・3号機の水蒸気爆発。世界はその映像を繰り返し放映しています。

――大塚　東京海上グループは、現地の社員を合わせて延べ9000人の社員が被災地での対応を行ったそうですが、社員の反応はいかがでしたでしょうか。

隅　社員は、われわれのミッションを再認識したと言っていますね。自分の仕事が社会にどう貢献しているか。またそれが自分の生き方にどう跳ね返ってくるのか――。

これまで物質的な満足度だとか、快適さだとか、便利さをずっと求め続けてきた中で、震災を経験して、人生観を揺すぶられ、生き方を、見つめ直したことと思います。

私も、3回現地へ行きましたが、人間にとっていったい何に価値があるのか、何が大切なのかと、考えてしまいます。多くの日本人が考え直したと思います。だから節電などもごく自然にできたのだと思います。

――大塚　極限の世界を見て、非日常を経験すると人間は、変わる。

隅　社員が被災されたお客様にコンタクトを取ります。「大丈夫でしたか。お怪我はありませんか。もし、被害を受けておられましたら直ちにお伺いします」と。すると多くのお客様はこう言われる。「いやいや、自分よりももっと被害の甚大な方たちが大勢おられる。そちらの方を先に見てあげてください」と。よくよく聞いてみると、その方ご自身も、津波で家を流され、親族が亡くなられている。その方が、自分よりももっと大変な目に遭っている人がいるから、そっちを先に見てあげてくださいと言う。そういう他人を慮る人はその人だけではない。あちこちにおられると、うちの社員は涙を流しながら私に言うんです。

そういう話を聞きますと、東北の方たちの持つ精神的風土、気持ちに感動しますね。

――大塚　被災しても、暴動も略奪もなく、冷静に、整然と対応する日本人への称賛の声が世界にある一方、原発事故に対する政府の対応のまずさ、情報開示の稚拙さは世界に不信感を招きました。

隅　ドイツを中心としたヨーロッパの放送局は、九州を含む日本全土が放射能に汚染されたと伝えていました。ですから、ドイツ人が最初に日本から引き揚げていきました。日本政府は混乱している状況の中でも、正しい情報をもっともっと発信して誤解を解くべきだったと思います。原発事故を起こしたスリーマイルとニューヨークの距離は、約250キロですが、これは大体、東京・福島間の距離と同じです。ワシントンとか、フィラデルフィアはスリーマイルにもっと近い。にもかかわらず、当時、ワシントンやニューヨークが放射能汚染された云々の報道はどのマスコミもしなかった。私は、会社のホームページで全世界へ向けて、日本の状況を英語にて説明しました。

――大塚　**日本は復興を遂げなければなりません。どうすべきだと思いますか。**

隅　日本は少子高齢化などの問題を抱えており、震災前から内需の成長をどうやって作っていくかが問われていました。復興需要を契機に、内需成長の仕組みを作らないといけないです。復興需要は、日本復活の原動力になり、日本の将来を決めます。

私は、震災を機に、内需拡大のグランドデザインを描き、それを直ちに実行に移さないといけないと思います。

――大塚　**そのグランドデザインとは、新しい街づくり、新しい環境都市づくり、新しいスマートシティづくり、新しい産業の街づくりといったところでしょうか。**

隅　そうです。それも、この2～3年の間に、実行しないといけません。

――大塚　**さきほど隅さんは延べ9000人もの社員を被災地へ応援に派遣したとおっしゃいました。それでも残された後方部隊は、仕事に支障をきたさなかったのですか。**

隅　まさに業務プロセスをシンプルにする「業務革新プロジェクト」の成果です。業務革新プロジェクトで、社内の業務プロセスを標準化して、非常にシンプルにしたおかげで多くの社員を全国から派遣することが可能になりました。また派遣された社員も被災地での迅速な応援業務が可能となったわけです。

——大塚　**現地ではスムーズに仕事ができたのですか。**

隅　やはり、データがコンピューターセンター（サーバー）にあるThin Client（シン・クライアント）を活用した新ITシステムが威力を発揮し、コンピューターのシステムをどこでも瞬時に立ち上げることが可能となり、被災地へ派遣された社員が現地で効率よくいろいろな業務に取りかかれるようになりました。社員は、コンピューターを立ち上げれば、被災地での新たな業務も、自分自身の元々の業務も難なくできます。

被災地へ搬送したパソコン1800台、モバイルなどですぐに立ち上げ、保険金のお支払いに必要なデータの確認が可能となったおかげで、多くの代理店のパソコンが津波で流された中、この仕組みで「移動営業所」を作って、代理店と顧客データを共有して保険金支払い処理を迅速に進めることができた。

最大の課題は、グローバル人材を育てること

——大塚　さて、東京海上グループの成長戦略をお伺いします。

どういう成長戦略を描いておられますか。足元の日本国内の損保はマーケットが縮小しています。

隅　現在、東京海上グループ全体に占める海外売り上げ（経常収益）は、約20％です。今後もこの比率は増えていきます。

一方、収益（修正利益）の内訳は、海外が40％、国内の損害保険が30％、国内の生命保険が30％です。国内の損害保険の収益が縮小傾向なので、これをなんとか2倍に高めたいと考えています。

――大塚　どうやって国内の収益を高めていかれますか。

隅　課題は自動車保険です。日本の損害保険の約半分を占める自動車保険の収益性が各社とも悪化しています。これを改善しなければいけません。そのためには、解決すべき点がいくつかあります。単純に値上げという話ではなく、まず事業費削減や、自動車保険の制度の問題に取り組んでいく必要があります。たとえば、高齢者の運転が増えているので年齢別料率を導入するなど、収益改善のためにいろいろ取り組んでいるところです。

――大塚　保険業界初・生損保一体型商品として発売を開始した「超保険」はいかがでしょうか。１つの契約で損保商品と生保商品を

ダブりなく効率的に契約できるという商品ですが。

隅　10年10月、業務革新プロジェクトの一環で、システム基盤を再構築し、商品性・販売システムを大きく改善しました。代理店が売りやすくなったこともあり、ヒット商品に成長しました。

おかげさまで契約件数も100万を超えました。これからも大きく育てていきたいと思います。

――大塚　現在日本の損保は、三井住友海上グループホールディングスとあいおい損害保険、ニッセイ同和損害保険が経営統合したMS&ADインシュアランスグループホールディングス、損害保険ジャパンと日本興亜損害保険が統合したNKSJホールディングス、それに東京海上の3大グループ体制になりました。競争力を構成する最大の要素は何でしょう。

隅　お客様と代理店、保険会社の接点がいかにお客様にとって快適で満足できるものであるかです。これが勝負のすべてです。

われわれの目指しているのは、こうした接点をより快適で、信頼のおけるものにすることです。顧客接点の強化やお客様への価値提供こそが、競争力確保の最大のポイントだと考えています。

日本国内の損保市場は大きく分けると個人分野、企業分野、自動車・ディーラー分野の3つあります。企業に対するリスク・マネジメントのアドバイス・コンサルティングに関するノウハウとサービス力には自信があり、当社の圧倒的な強みだと考えています。

個人分野は正直に言って、まだこれからというところもあり、他社の営業に遅れを取っている部分もあります。そこでわれわれは今、代理店を育てていこうとしているのです。お客様に信頼していただけるような代理店に育てていく。そのためには精神論ではなく、代理店が営業時間をきちんと確保できるようなビジネスの仕組みやシステムをどんどん作っています。また当然代理店をサポートできる社員も育成しています。

自動車ディーラー分野も負けていません。現在、自動車ディーラーによる自動車保険の販売は増えています。自動車ディーラーも、自動車保険にビジネスの比重を置くようになりました。いかに自動車ディーラーの経営をサポートしてゆけるかがわれわれの課題です。

――大塚　社員の行動変革につながる業務革新プロジェクトですが、これからはどういうことが課題になりますか。

隅　スタートしたばかりという認識です。まだ目指す姿の半分にも到達していません。ご契約時・契約の更新時・保険金請求時などのお客様との「接点」が、もっとわかりやすく、快適なものになるよう完璧を目指したいと思います。

――大塚　システムを刷新されたので、代理店の動き方とか社員のサポートの仕方などが標準化されてきているのでしょう。

隅　今は、システム（ハード）はほとんどできましたが、人（ソフト）の面では、社員・代理店が、刷新されたシステムを完璧に使いこなせるようにするノウハウが必要だと考えています。

――大塚　隅さんは、英国のキルン社とアメリカのフィラデルフィア社を買収しました。2つ合わせて約6000億円の買い物をされたわけですが、業績はいかがですか。

隅　両方ともきわめて順調にいっています。

ロイズに東京海上の新たなシンジケートを作り、キルン社は今ロイズで最大のシンジケート運営会社になりました。

私は以前からキルン社をよく知っていました。彼らの保険の引き受けの姿勢とかフィロソフィーを尊敬していました。

――大塚　隅さんは、以前、「キルン社から厳格な保険の引き受けを学んだ」とおっしゃっていましたね。

隅　キルン社は、サイクルマネジメントが素晴らしいんです。保険マーケットというのは、事故が少なくマーケットが儲かると参入者が増えて、料率の引き下げ競争が起こる。マーケットの事故率が高くなると料率が高くなる。このサイクルをどのようにマネージするかが保険会社の腕の見せ所なんですが、キルン社は素晴らしいものを持っています。

一方、フィラデルフィア社の強さは、マクロ・エコノミー動向の影響が比較的少ない学校とか、病院、教会、NPOなど、ニッチ市場分野の顧客を持っていることです。もう一つの強さは、収益・リスク管理につながる営業のマーケティングマネジメントにあります。非常にシンプルで、ストレートで、透明性が高い。いろいろなことを臨機応変に対応できるマネジメントスタイルが武器です。たとえば、商品別に収益を管理し、不採算ならすぐに販売を中止するか、パッケージ内容を組み替えたりします。

このスタイルを学び、ノウハウを吸収するために、今、シンガポール、ブラジル、インドなど、当社の世界の拠点から社員がフィラデルフィア社に行っています。

――大塚　世界の経済成長は、中国、インド、東南アジアなどの新興国がリードしています。そのために、日本の生損保はこぞって新興国を向いています。

その点、東京海上グループのグローバル化は欧米に軸足を置いています。

隅　アジアのポテンシャリティは大きい。将来大きなマーケットに成長すると思います。ですからわれわれも、アジアのほとんどの国に進出しています。中国でも生損両分野で展開を進めています。インドの生保も11年7月から営業を開始しました。

今後もよきパートナーが現れれば、一緒にやりたいと思っています。よいパートナーとは、「高い成長性」「経営の健全性」「強いビジネスモデル」を持ち合わせる企業です。そういうよき相手をパートナーに選ばないと、その先、必ず上手くいきません。これは過去の苦い経験から学びました。

――大塚　欧米ではパートナーに恵まれたということですね。

隅　世界の損保マーケットを見ると、その7割を欧米が占めています。日本の経営者の中に、「アジアだったら日本のノウハウを持って行けさえすれば成功できる。だけど、欧米は難しい」と考える人がいるとしたら、それは間違っていると思います。むしろ、欧米の、あの激しいタフなマーケットで成功できなくて、なぜアジアで成功できるのか、というぐらいの気持ちを持っているんです。

私は、世界の7割のマーケットを持っている欧米と将来成長性のある新興国の両方で、バランスを取りながら事業展開していきたいと考えています。

――大塚　東京海上はグローバル企業の道を歩んでいます。そうなるとグローバルな発想と判断、行動ができる真の国際人が必要になりますが、これはどうお考えですか。

隅　グローバル人材を育てることは、私にとって最大の課題です。それには、東京海上グループの中から育てていく方法と、買収先の海外企業の中から育てる方法があります。当社は今、グローバル人事制度をどう構築するか、その検討に入っています。

一方、グローバルなトップマネジメントのほうは、私の直轄で「インターナショナル・エグゼクティブ・コミッティ」というのを設け、グローバルに関するいろいろな検討を進めているところです。そこでは常時、外国人を含め相当突っ込んで議論しながらグローバル経営を進めています。

――大塚　グローバルなトップとなると、ただ単に業績を上げて、収益を上げればそれでよいというわけにはいかないでしょう。東京海上グループの経営理念、ミッションを頭に入れて、それに基づいて経営をしなければなりません。

隅　海外の人をボードメンバーに加えれば、グローバル経営が進むというわけではありません。

やはり、われわれの企業カルチャーにフィットするケミストリー（相性）を持った人物かどうか。その見定めが必要ですね。
11年5月、アメリカにTokio Marine North Americaという中間持ち株会社をつくりましたが、そこのトップはアメリカ人です。それから、アジア全体を統括するシンガポールのTokio Marine Asiaのトップはシンガポール人です。Diversification（多様化）をどんどん図っています。

――大塚　隅さんは、お若いころ、中東を担当しておられ、イラク、サウジ、アルジェリアなどを回っておられた。
それが隅さんの国際人としての原体験になっていると思います。

やはり、国際人を育てるには海外を経験させるのがいいのでしょうね。

隅 アメリカとかヨーロッパ、アジアの国々は、比較的身近であり、イメージが湧きやすいですが、中近東というのは、宗教的にも文化的にも、日本から遠くエキゾチックなところですよね。中近東のエキゾチックな文化などに若い時代に接してきたことが、今の自分の価値観の多様化に繋がっています。

——大塚　隅さんは、東京海上をどういうグループにしていきたいとお考えですか。

隅 お客様から品質で選ばれて成長していける会社。そのためには、課題はありますが、着実に歩みを進めていきたいと思います。

Chapter-7

上田準二

ファミリーマート社長

効率化のための一極集中を見直し、分散化、多様化で、勝負する。

●うえだ・じゅんじ
1946年秋田県出身。山形大学文理学部卒業後、'70年伊藤忠商事入社。畜産部長、プリマハム取締役などを経て2000年、顧問としてファミリーマート入社、'02年現職に。'10年3月にはam/pmを合併、首都圏最大の店舗数に押し上げるなど辣腕を発揮する。

被災した加盟店の支援コストに上限を設けない

「震災で、私は資本効率最重視の経営を見直さなくてはいけないと思いました。たとえば配送センターと中食《なかしょく》・米飯工場を一体化した『総合センター』。われわれは物流・生産拠点を効率的に運営するために、違った場所にあった配送センターと工場を一体化したのです。それが震災で、裏目に出てしまった。配送センターも、工場も、一緒に被災し、センターが機能しなくなった。その教訓を生かし、今、われわれは総合センター間にサブのスルーセンターを作り、物流・生産拠点の多様化を進めているのです」

インタビューの途中、東日本大震災から得た教訓を訊ねると、ファミリーマート社長の上田準二は、こう語った。

大地震で、ファミリーマートは東北6県585店並びに茨城県170店のうち、約300店が被災し、一時閉鎖するなど大きな被害を受けた。

津波に流された等により全半壊した店舗は、岩手県（99店）4店、宮城県（203店）25店、福島県（116店）2店、茨城県（170店）2店の合計33店舗。その他福島原発事故で閉店を余儀なくされた店は8店舗。

さらに、東北地区総合センターの全4工場（山形・盛岡・仙台・福島）が被災。また東北地方にある9ヵ所の物流センターのうち2ヵ所が被災し、機能不全に陥った。

復旧は進み、現在（2011年10月）、被災地域での休業店舗は24店舗、総合センターはすべて通常どおり稼働している。

特別損失は、店舗の建て替え修繕費、加盟店の再建支援費、物流関連及び工場センターの再建費など、42億円を計上する。チェーン全店売上高への影響は約140億円に達する見込みだ。

上田は、2002年に社長に就任。以来、経営改革を断行し続け、チェーン全店売上高、ならびに連結営業利益を1・6倍に拡大させた。また、08年度まで大手コンビニで唯一、連結当期純利益で4期連続増益を記録した。さらに、10年3月には、エーエム・ピーエム・ジャパン（am／pm）を吸収合併し、首都圏での店舗数は最大規模となった。

上田は伊藤忠商事から転身。伊藤忠商事では、食料畑を歩み、畜産の業績を向上させた。なかでもプリマハムの再建で経営手腕を発揮し、後塵を拝していた畜産部門をトップクラスにまで高めた異色経営者として知られる。

そんな上田に3・11と今後を生き抜く新たな決意を聞いた。

――大塚　ズバリお伺いします。上田さんにとって3・11とは何でしょうか。

上田　コンビニエンスストア経営で一番大切なものは、やはり加盟店であることを、強く再認識させてくれました。つまり、お客様と接する加盟店こそ、コンビニの最大の財産であると。常日頃、そう確信していましたが、震災を体験して、「加盟店があって初めてお客様へのモノやサービスの提供が実現できるんだ」という思いが強くなりましたね。われわれにとって、お店が全半壊する、津波で流されるなどということは本来あってはならないことなのです。

――大塚　お店が大切であるのは理解できますが、もっと大事なのは本部の戦略ではないでしょうか。

上田　確かに企業には、戦略、戦術が必要です。しかし、情報化時代の今、戦略や戦術はどの企業もさほど変わりません。違うのは現場の戦闘力です。コンビニエンスストアの場合は、お客様を店に呼び込み、売り上げに繋げる闘志と実戦力です。この一人ひとりの戦闘力の差が、競争力の差になって表れる。社長になって9年間、この戦闘力をどう高めていくか、現場と一緒に考えてきました。

――大塚　本部の役割は現場の戦闘力を高める環境づくり？

上田　そうです。さらに言うと、お客様に支持されるコンビニチェーンになるためには、加盟店のモチベーション（動機付け）の高揚が必須条件です。サービス、クオリティ、クリンネスの3つを追求しなくてはなりません。われわれがいままで加盟店とのコミュニケーションの緊密化を図ってきたのはそのためです。

――大塚　震災で犠牲になられた加盟店のオーナーは？

上田　いません。被災地域のお店のオーナーは全員無事でした。

実は、3月11日の地震発生時、ファミリーマートは仙台市内のホテルで、東北6県プラス新潟県の650店の全加盟者が出席する「2011年度政策発表会」を催していたんです。

私の政策発表が終わって表彰式に入り、5～6人の方が登壇したとたん、雛壇《ひなだん》がミシミシと音を立て始めた。そのうち揺れが大きくなる。壇上から会場を見渡すと、もうパニックになっている。着席していた人は机の下に潜り、あちこちで女性の悲鳴が上がる。壁にかかっている大きな絵画も、天井のシャンデリアも音を立てながら激しく揺れている。

私は、まるで映画のパニックシーンを見ているような錯覚に陥りました。社員に促されて床に下りた瞬間、もう立っていられない。自然とひざが床に着く。初めて経験する大地震でした。

揺れが収まると、出席者は全員、ホテル関係者の迅速な誘導で避難所になっている駐車場へ避難しました。

幸いだったのは、出席していた650名の加盟者は全員無事で、一人のけが人も出さずに済んだことでした。

——大塚　新幹線など交通機関も被災し、動かなかった。みんな無事に帰られたんですか。

上田　私が心を砕いたのは出席者全員を帰宅させることでした。車の人は車で、バスで来た人たちは待機していたバスで帰りました。

ところが、おっしゃるように新幹線が動かない。そのために新幹線で来られた青森、秋田の人たちは帰れなくなった。社員全員で、手分けして、駅やバスターミナルへ行って交通機関を当たりましたが、どこも動いていない。思案しているうちに、運よく、青森の観光バスが仙台に到着した。それをチャーターして秋田、青森へ送りました。

——大塚　当時、ファミリーマート本社の災害対策本部ではどういう指示を出したのですか。

上田　私は3月11日の午後4時ごろ、ワゴン車で仙台を出ました。東京・池袋の本部に着いたのは、翌12日の夜でした。24時間以上かかりました。途中で、福島市の配送センターと中食・米飯工場が一体化した「総合センター」に寄りました。建物の外観はなんともないのですが、建物内は水道、ガス、電気がやられていました。この惨状を見て、東北地方の他の3ヵ所（盛岡、仙台、山形）の総合センターも被害を受けているに違いない。工場がこの状況では商品が作れない。たとえ商品が作れたとしても、物流が機能しない。これは大変だと、危機感を持ちました。

そのとき、私が最も強く訴えたのは、「加盟店を守る」ということでした。

ファミリーマートの店舗、チェーン機能、インフラ機能を動かしているのは誰か——。それは加盟店に他ならない。したがって、加盟店への生活支援を全面的に行う。閉鎖している店は一日でも早く補修工事を行い、店を開けてもらう。避難所に避難されている加盟者のご家族には生活物資支援を行う。同時にメンタルケアも実施するなど、被災された加盟店に対しては考えられるありとあらゆる支援を行っていく。それにかかるコストは上限を設けない——。そう私は言いました。

——**大塚**　**「加盟店は大事だ」。この思いは各社とも同じではないですか。**

上田　いや、どうでしょう。震災発生当時の各社の動きを見ていると、企業体質を象徴するようなことをやられている。

他社はいろんな派手なことをやっているのに、ファミリーマートはいったい何をやっているのかと、社外の方から言われたりしました。しかし、私は、「加盟店が大事だ。お店の復旧活動に全力投球し、一刻も早く店を正常な状態に戻すことを最優先にする」と言い続けたんです。

――大塚　図らずとも各社の特色が出たということですか。

上田　出ましたね。われわれはひたすら加盟店を守ってきたわけです。加盟店は5年、10年、20年と続く事業パートナーですから、その加盟店を守ることに経営資源を集中させることにしたわけです。

――大塚　では、ファミリーマートは加盟店への支援対策の面でも、他社との差別化を図られた……。

上田　と思います。全半壊した加盟店には、被災した数日後、一律100万円のお見舞金を支給しました。また、被災地域の社員222名には、ただちに一人5万円を支給しました。避難所では、熟睡できない、お風呂にも入れないなど心身ともに大変な負荷がかかっていましたからね。

また、労働組合が被災地域の社員・仲間を支援しようと募金をやりました。これが約800万円ぐらいになっていました。

――大塚　しかし、それだけの支援では全半壊の店は再建できなかったでしょう。

上田　無理です。そこで私は収入保証をしますと宣言し、実行したんです。

加盟店の営業総収入が一定水準にいかない場合は、その差額分を補填するという最低保証制度があるわけですが、それを拡大解釈して運用しようということです。

通常、年度末に営業総収入を計算し、結果的に一定額を超えていれば、加盟店が本部に補塡してもらった分を一部返還するケースもあるわけですが、被災した店舗に関しては、仮に年度末時点で一定額を超えていても、3月、4月に補塡した分を本部に戻す必要はないという対応をしたのです。

——大塚　加盟店のモチベーションは高まったでしょう。

上田　それだけではありません。福島第一原発事故で、避難されたお店の加盟者ご夫婦を山形県の「上山温泉」に、本部負担で避難逗留していただきました。避難所での生活は精神的に参ってしまう。ゆっくり保養し、元気を出してもらいたいと思ったわけです。

皆さんは喜ばれました。お呼びしたのは8店舗のご夫婦でしたが、実際に行かれたのは130名を超えました。親族の方々や店舗スタッフなどもくっついていかれた。加盟店支援に上限を設けないと言った以上、もう一切合切この際本部負担でOKです、と……（笑）。

私はその後の4月下旬、被災地域の加盟店を回り、「いろいろご迷惑をかけました。早く復旧して元通りになって、また、一緒にやりましょう」と、謝罪と励ましに行きました。福島へ行くと、わざわざ私に挨拶するために上山温泉から戻って来たという加盟者が、「私、ファミリーマートに加盟して本当に良かった。こんなときに、夫婦そろって温泉で長期間、保養させていただきました。こんなことはもう一生ないでしょう。おかげで、元気が出ました。今後、がんばりますから社長もがんばってくださいよ」と、逆に励まされました（笑）。

――大塚　震災をどう捉えるか。経営者の中には、改革を行うチャンスだと捉えている人もいます。

上田　私も変革のチャンスだと思っています。

一つは商品の調達先の分散化です。この夏、メーカーは各社とも節電を余儀なくされ、いくら復旧したといえども、商品アイテム数はまだ以前の数に戻っていませんでした。その中で、不足する商品は何か。猛暑が来たら清涼飲料水、ビールといった商品が不足するのではないか。調達先を今までのように日本の大手4社だけに集中していたらまた商品の奪い合いになる。だから調達先を多様化しようということです。

その点、ファミリーマートは調達拠点が中国、韓国、台湾、アメリカにあります。各国ともインフラを持っています。たとえば、中国には上海ファミリーマートの大規模工場がある。取引先メーカーもあります。そういった工場で共通の商品を作っておく。そうすれば、日本にも輸入でき、商品の相互乗り入れもできる。これはまさしく、調達先の分散化に繋がると思います。

――大塚　ある地域で収穫した食材をその地域内で消費する「地産地消」のマーケティングが持てはやされています。

上田　われわれはとっくにそれを実践しています。社長就任1年目、商品開発は、ジェネレーション（世代）、リージョナル（地域）、プライス（価格）の3つのマーケティングを基軸にすると宣言しました。コンビニは若者層中心といわれるけれども、これからの時代は少子高齢化が進み、変わってくる。若者中心じゃダメだ、シニア世代にも通用する商品、サービスを提供していく必要がある。また、地域特性を出す。今まで池袋で開発された全国統一の商品を出してきたが、地域の食材を使った、地域の味覚に合った食品を提供する。プライスも、地域ごとに変わる。

――大塚　スーパーなどは、メーカーに大量発注するバイイングパワー（購買力）を駆使して低価格を実現してきました。

上田　大量に発注してコストを下げる。昨今見ていたら、量をある一定規模以上に確保しなければいけないということで、逆にコスト高になっている面があります。

その地域地域の生産者、メーカーを使うことによって得られるメリットが大きい。工場内での在庫、原材料倉庫での在庫、輸送距離を考えると、地域の生産者をもっと活用すべきだと思います。ファミリーマートの中食は、45%の商品が地域の食材を使った、地域の開発商品となっています。

――大塚　ところで、上田さんは、運営効率を追求した「総合センター」のあり方を見直すとおっしゃっています。

上田　これは真剣に検討しなければなりません。かつては数十店規模を対象にした配送センターの「サテライトセンター」というのが随所にありました。それを整理し、総合センター化したわけです。

新地域の出店となると、100店規模を対象とした物流・工場ではコストが合いません。そこで、数百店規模を対象にした「総合センター」と40〜50店規模対象の「サテライトセンター」の間に、スルーセンター（中継センター）を設けてやってきました。

今後は、総合センター間に、スルーセンター、サテライトセンターをたくさん設ける必要がある。そうすれば被災時など有事の際に、臨機応変に対応することが可能になると思います。現在、ファミリーマートのセンターは、全国に大小併せて89ヵ所あります。

日本の製造業は、グローバリゼーションへの対応策として、生産体制も、サプライチェーンも、一極集中による効率化を推進してきましたが、震災を契機に各社とも一斉に見直ししているようです。われわれもそうしたメーカーさんの動きを参考にしたいと思います。

シニア層とアジアにまだまだ市場はある

――大塚　今後、コンビニマーケットはどのように変わりますか。

上田　今後、高齢化が進み、団塊の世代を中心にシニア世代の人口が増えます。そのシニア層をもっと呼び込むことができれば、新たな市場を創出できる。

また、少子化で単身世帯や老夫婦だけの世帯数が急増していることもチャンスです。この方々はスーパーの「たまご1パック100円」とか「カップヌードル5個500円」というチラシを見て、週末に車で買い出しに行っても食べ切れない。ガソリン代、買い物や料理に費やす時間を考えると、歩いていける近くのコンビニで、欲しい商品を、欲しい時間帯に、欲しい量だけ買ったほうが、手っ取り早く、安くておいしいものが食べられます。

そんな傾向に震災が拍車をかけていると思います。震災をきっかけに、お客様はブランド高額商品が売り物の百貨店や、安さが売り物のスーパーよりも、欲しい商品を、欲しい時間帯に、欲しい量だけ買えるコンビニで買い物する傾向が強まってきています。

今、一番鮮度のいい物を、近くのコンビニで買えるのです。たとえば、ファミリーマートで高品質のお弁当を500円で出したとします。車や電車に乗っていけば、量販店で298円の鶏弁当が買える。単身者や老夫婦はどうするか。自宅から目と鼻の先にあるコンビニで買うでしょう。そして余った時間をほかのことに費やしたいと思うでしょう。

――**大塚**　**その傾向が強まっているとすれば3・11後も業績はいい？**

上田　3・11後の業績はずっといいです。われわれは全国を22ディストリクト（地域）に分けています。その中で、青森、秋田、岩手、宮城県を管轄する東北第1ディストリクトが1位、山形、新潟、福島県を管轄する東北第2ディストリクトが2位になっています。東北地方が1、2位を独占しているのです。この地域の売上高は、被災後のほうが被災前に比べ約2割ぐらい上がっています。

理由は、被災地へ行けばわかります。中食を買うために、わざわざ車でショッピングセンターや量販店に行かない。歩いて行ける便利なコンビニで買う。

――**大塚**　**放射性物質による食品の汚染が問題になっています。ファミリーマートは、放射線量を商品ごとに明示されているのですか。**

上田　食品の安心安全は絶対確保しなければいけません。現在、放射能汚染商品として国や自治体が出荷制限しているような商品は使いません。放射性物質が検出されていない、安心だといわれている食材を当然使わなければいけません。現在、放射能の検査は検査機関に委託していますが、これからはわれわれ独自に検査していかなければいけないと思います。

厚労省の衛生基準よりも、当社の自主管理基準のほうがずっと厳しい。放射能に関しても、新たな基準を早急に作りたいと思います。

——大塚　福島原発事故の影響で、世界的に世論は〝脱原発〟で高まっています。

上田　エネルギー政策の中で、即全原発やめてしまえという議論が本当に正しいのかどうか。風力発電、太陽光発電など自然エネルギーは、コストがきわめて高い。一方、火力発電は石油の供給量が年々減少する傾向にありますから、価格は上がっていく。そうなると、電力を必要とする製造業は高コストとなり、それでやっていけるかどうかですね。日本ではやっていけないとなると海外へ移転する。製造業が海外へ移転すると、日本の経済は急速に縮小し、1億3000万人もの国民生活を賄えなくなります。

製造業の海外移転に伴い、開発者などの人材の流出が起こります。そうなると、今後50年先、100年先に、科学技術力、開発力を持った卓越した人材が日本で育つかどうか。はなはだ疑問ですね。

——大塚　このままエネルギー不足状態が続くと、

日本の代名詞「モノづくり大国」を返上せざるを得ない。

上田　私は、将来的に原発依存度を下げて行く方向に向かうべきでしょうが、現状の規模の原発は当面必要だと思います。今回の震災で、私たちはものすごく学習したわけです。震度7～8が来たときに耐えられる設計とは何か。また、巨大な津波対策は何か。それらが今回の原発事故の調査分析によって明らかになります。

――大塚　ところで、加盟店のモチベーションを高めるには、加盟店を大事にするというほかに何かよい仕組みはあるのですか。

上田　震災で、うちの強さが実証されたのは、本部社員と加盟店との連帯感であり、社員間の連帯感でした。人と人のつながりの強さですね。

本部社員による応援隊は、延べ1300人に達している。3人一組で被災地へ入り、加盟店のお店の瓦礫の撤去や清掃、それに商品の並べ替えを手伝う。ときには、レジに立って接客する。これは私が命令しなくても、みんな自発的に動きました。社員と加盟店との日ごろの一体化が、成果となって表れたのです。

――大塚　強い連帯感はどうやって育まれたのですか。

上田　「ファミリーマートらしさ推進活動」の成果だと思います。自分らしさとは何か。ファミリーマートらしさとは何か。加盟店にも、らしさ推進活動を進めていますが、その成果が表れたと思っています。

らしさ推進活動はこんなことをやっています。たとえば、お店がお客様に感謝されたこと、喜ばれた事例はすべて社内のイントラネットや小冊子で発表しています。迷子の子供を家まで連れて行ったとか、ストーカーに追われていた女性を事務所に匿ってあげたとか、さまざまな事例が出てきました。これらをいろいろな機会に表彰しています。これを見た加盟店は、自分もやってみようと思います。

「推進活動」にマニュアルはありません。答えもありません。自ら感じ、気づき、動く活動です。この活動で社員のモチベーションは高まっています。また、コミュニケーションも良くなり、部門間の壁も低くなりました。

自発的な運動だから、モチベーションは上がる。上から指示された活動では「やらされ感」があり、モチベーションは上がりません。

加盟店ビジネスですから、加盟店自身はどうあるべきか。どういう希望を持ってお店を経営するのか。どういう点に楽しみを見出すのか。加盟店同士が自由に語り合うのです。われわれ本部の役割はそういう場と環境を作ることです。

――**大塚**　**上田さんが、ａｍ／ｐｍを買収する際ワンブランドにこだわったのも、統一した商品・サービスを提供する加盟店ビジネスという強い想いからですね。**

上田　そうです。これまでコンビニ業界では、異なる看板で戦ってきた加盟店が1つの会社になるのは難しいといわれてきた。しかし、私は一貫してワンブランドにこだわってきた。相当な作業になると覚悟して下準備を行ってきましたが、想像どおり大変でした。東京都内中心に買収した850全加盟店と話し合いの末、330店の閉鎖を決め、加盟店と合意したんです。閉鎖対象となった加盟店だけでなく、経営状態のいい店はいい店で、現状不満がないのになぜファミリーマートへ転換しなければならないのか、納得してもらう必要がありました。持ち株会社の形態にして、ファミリーマートとａｍ／ｐｍという2つのブランドをぶら下げたほうが波風をたてずに済む。しかし、そのような形態での統合は、果たしてお互いにメリットがあるのか。「規模の拡大＝利益成長戦略」は描けません。数だけ増える統合では経営上の不都合が多くなると判断し、ワンブランドでの統合を進めてきたわけです。結果として、この2年間で首都圏・九州・関西地区を含めまして合計720店がファミリーマートに看板替えとなります。

これも、一律に加盟店のモチベーションを上げるための方策であることは事実です。

――**大塚**　**そこでコンビニ業界の再編についてお伺いします。**

上田さんは、コンビニ業界は淘汰の時代に入ったとおっしゃっている。

上田　はい。言い続けています。今、コンビニエンスストアは国内に4万3000店あります。5万店ぐらいになると、完全に飽和状態になります。そうなると、本格的な業界再編が起こるでしょう。

私は、震災を機に業界再編の速度が加速するのではないかと見ています。震災でコンビニ各社はどこも、再建のために莫大な費用をかけています。中小のコンビニチェーンはそれこそ厳しい経営状況に追いやられていると思います。

コンビニは、店舗システム、生産・物流システムといったシステム産業の側面を持っている。定期的なITシステムの更改投資が求められるのです。われわれの規模だと、5〜7年に1回、340億〜350億円の投資が必要ですね。今後、そうしたIT投資に耐えられるだけの収益力を持つコンビニチェーンとなると、数が限られてくる。

東北地区の被災した中小チェーンの加盟店の動きや本部の対応を見ていると、再編は加速度的に進むでしょう。

――大塚　ファミリーマートによるam／pmの吸収合併のようなケースが起こってくる。

上田　本部間で実施されるM＆Aの前に、個人事業者の加盟店が本部を替えるという動きが出てくる。つまり、加盟店が本部を選択する時代が到来しているのです。

コンビニチェーンの歴史は今年でおよそ30年。本部と加盟店の契約期間はほぼ10年ですから、契約更新は今年で3回目に入っている。

加盟店は契約更新についてどう判断するか。もういっぺん、向こう10年間、同じコンビニの加盟店を続けるかどうか。あるいは他のコンビニの加盟店に替わるか。加盟店は真剣に考えます。

そのときに、ファミリーマートはどうあるべきかが問われる。ファミリーマートというのはこういうチェーンだと知ってもらわなきゃいけない。ファミリーマート全体のクオリティ、契約内容、店舗運営、商品、それからロイヤリティ、複数店奨励制度、インセンティブ制度……。業界再編になったときは中核を占めていきたいとか、アジアを中心とした海外戦略を強化するといったことを訴えていく。

われわれは、加盟店に選ばれ、支持されるコンビニチェーンの本部にならないといけないと思います。

――大塚　韓国や中国など海外にも積極的に展開しています。上田さんは、「目標はグローバルNo.1（世界一）のコンビニエンスストアになることだ」と公言しています。

上田　今、「グローバル4万店」と言っています。2020年度には、日本がおよそ1万1000店、海外が2万9000店。海外で要となるのは中国。中国では20年度には現在の約700店から12倍の8000店まで拡大させたいと考えています。

私はファミリーマートのグローバル・スタンダードは（本社のある東京）池袋だと言っているんです。池袋スタンダードを、アジア地域を中心とした合計約1万店の海外店でも進めていくつもりです。

直接お客様と会うことで心が通う。それが満足度を上げる。

Chapter - 8

松尾憲治

明治安田生命保険社長

●まつお・けんじ
1949年福岡県出身。神戸大学経済学部卒業後、'73年明治生命保険相互会社入社。長野支社長、不動産部長などを経て2005年常務、同年代表取締役社長に。保険金不払い発覚後「すべてを変える」と宣言、改革を続ける。

日本人のリスクに対する予知力には課題がある

「今、一番業績がよいのは、東北の被災地域です。ある役員が被災地を担当する営業職員に、『何で私どもの保険に入っていただけるのか』と聞いたところ、『お客様は異口同音、最初にお見舞いに来てくれたからだと言っていますよ』と答えたそうです。

私どもの被災地の営業職員はがんばってくれています。とりわけ私の胸を打ったのは、自らも被災し、避難所暮らしを余儀なくされているにもかかわらず、家財道具を車に積んで、避難所を回ってお客様の安否確認をしている営業職員がいたことです。それも一人や二人ではない。被災地域の営業職員はみんな、一生懸命にやってくれています。営業職員の強みは、地元の方と顔見知りであることです。避難所でお客様の居所を聞いても、『あの人、ここにいる。あそこにいる』と情報を教えていただける。

今思えば、お客様の安否確認のため、営業職員が直接被災地を駆け回ることは本当に意義深かったと思います。手紙や電話による安否確認では、被災者の方々と心が通わなかったでしょう。やはり、お客様が困っているときこそ、営業職員が直接出向いて、救援の手を差し伸べることが大切だと思いました。それが結果的にお客様の満足度を上げることになるのだと確信しました」

私が、3・11での対応について問うと、明治安田生命社長の松尾憲治は笑顔でこう語った。

明治安田生命は、3・11で東北の営業所が被災した。因みに、岩手県では宮古、大船渡、釜石の3営業所、宮城県では気仙沼、石巻にある3営業所。また、福島県では福島原発から30キロ圏内の南相馬、原町にある3営業所は営業できない状況にある。岩手県と宮城県の6営業所は、11年9月からようやく通常どおりになった。

リーマン・ショック後の世界的な株安と市況の低迷などで、本業の儲けを示す基礎利益が減少する大手生命保険の中にあって、明治安田生命が元気だ。2011年3月期の決算では、保険料等収入は対前年同期比20・2%増の3兆9446億円、基礎利益は同6・5%増の3105億円。売上高にあたる保険料等収入で業界3位から2位に躍進した。要因は、銀行窓販において同社の一時払終身保険の販売が拡大したことに加え、抜本的な制度改革を行った営業職員チャネルによる販売も増加したことである。銀行窓販経由の収入は89%増の1兆5135億円、営業職員経由を初めて上回った。

同社は、11年4月からの3ヵ年計画で2014年3月期決算までに個人営業分野の保有契約年換算保険料を対11年3月期比約9％増の1兆9600億円に、また法人営業分野の収入保険料（筆者註：収入保険料は保険料〔掛け金〕の合計額。一般企業では売上高にあたる）を同約5％増の1兆500億円に高める経営目標を掲げている。このため、現在、さまざまな取り組みを進めている。国内では介護保険の販売、介護施設事業への進出など、新しい事業分野への積極投資を行う。一方、海外生命保険事業の拡大も目指しており、2010年の11月以降、インドネシアの生命保険会社、アブリスト社（5％出資）、中国の生命保険会社、ハイアール人寿（29・24％出資）、ドイツの大手保険会社、タランクス社（劣後債3億ユーロ保有）の3社との資本・業務提携を相次いで行った。今後、アジア、中東欧、南米など成長性の高い海外市場への積極展開と軌道乗せを進めていく。

松尾は、企業風土の抜本的改革を断行した経営トップとして業界ではつとに知られる。

松尾が明治安田生命の社長に就任したのは2005年12月。明治生命と安田生命が合併した翌年だった。当時、保険金不払い問題が発覚し、2度目の行政処分を受け、金子社長をはじめとする11人の役員が引責辞任したのに伴い、常務から社長に昇格した。

社長に就任すると、松尾は「すべてを変える」と宣言。就任直後の2006年1月に新たな中期経営計画「明治安田再生プログラム」を策定し、信頼回復に向けて企業統治（ガバナンス）をはじめとする会社組織の刷新に着手する。これをやり遂げ、業務運営面の改革が進むと、営業体制の改革に取り組む。「個人営業改革」として、基幹チャネルの営業職員及びその指導管理者の評価基準を新規契約重視主義から、顧客満足度向上に重点を置くためアフターサービス重視主義へと改変した。あわせて、営業職員の知識とスキルを向上・均質化させるための教育プログラムを実施、さらに意識改革を促すために、営業職員の呼称をMYライフプランアドバイザーへと変えた。こうして松尾は企業風土の抜本的な改革を断行した。

そんな松尾に、3・11、個人営業改革、成長戦略を聞いた。

——**大塚** 社長に就任されて約6年。この間、社員の意識改革、企業風土の改革に取り組んでこられましたが、成果は出てきていますか。

松尾 私はそう思います。今回の震災でその効果が表れましたね。被災地でのお客様の満足度は上がっています。

——**大塚** 東北の被災地では、どういう対応をされたのですか。

松尾 私どもは、まずお客様の安否を確認することから始めました。

今回の震災で私どもも、岩手県の宮古、大船渡、釜石、宮城県の気仙沼、石巻など6営業所が被害を受けました。また原発事故によって南相馬などにある3拠点が使えない状況となりました。この状況下、同時に従業員の安否確認もしなければなりませんでした。

今回は青森の南部から、岩手、宮城、福島、それから茨城の水戸とか千葉県旭市まで津波で被害を受けました。その地域での個人保険のご契約が61万件、企業の団体保険は４４００団体くらいありました。それらのお客様で、お支払いが必要な場合はいち早くお支払いをしなければなりません。

保険会社の使命として、一番最初にしなければならないのは、お客様の安否確認です。どういう形で行うか検討を重ねました。最初、スタッフから出てきた案は郵送でしたが、私は、「それではダメだ」と却下しました。お客様が困っているときこそ、営業職員が直接訪問して確認をしないでどうするんだと言ったのです。結果的にこれが幸いしました。

08年から、「個人営業改革」として営業スタイルを抜本的に変え、営業職員が担当のお客様を年2〜4回訪問して情報提供やアフターサービスをしっかり行うことを制度化し、実践していましたので、その効果が3・11で現れたのだと思います。営業職員の担当したお客様の安否確認が最も早かった。61万件のうち、57万件が営業職員の担当ですが、現在、未確認は１００件をきり

ました。（筆者註：11年10月現在）

――大塚　**08年から営業のやり方をどう変えたんですか。**

松尾　簡単に言えば、新規契約をいただくことに重点を置くのではなく、質の高いアフターサービスを標準化し、お客様満足度を徹底追求する営業スタイルに改変したのです。

――大塚　**それはどうしてですか。新規契約を優先しなければ業績は上がらないでしょう。**

松尾　話は05年に遡ります。私が社長になった当時、私どもは社会から非難され信頼を失いました。職員の多くは会社の将来に不安を抱き、中には就業することにネガティブな声を上げる職員や転職したいという職員さえ現れました。従業員の反応としては当然だと言えます。そういう中で私は、組織を結集するために、全国の支社を回り、営業職員と対話をすることから始めました。「言いたいことをどんどん言ってくれ」と。これが再生の第一歩だと考えました。

――大塚　**不払い問題の本質は何だったのでしょう。**

松尾　〝実直さ〟がなかったということです。「お客様第一主義」とか、「お客様から信頼される会社を目指す」という言葉はありましたが、かけ声やスローガンだけだったように思います。それを実現するためのアクションプランはみられなかった。ドラッカーがいいことを言っています。「企業の目的は顧客の創造だ。その達成のためにはマーケティングとイノベーションが必要だ」と。まったくそのとおりです。お客様に満足してもらわないと、お客様を創造することなどできません。では、どうすればお客様は満足するか。それを考えなければいけなかった。私は、収益はお客様の満足の結果に過ぎない、最初にお客様の満足ありきなんだと、その順序を間違えてはいけないと。そう言っています。

ではなぜ、そうなったのか。これは経営者だけでなく、スタッフにも責任があります。経営者のお題目を具現化するのがスタッフの役割です。お客様の満足を得るには具体的にどうすればいいのか。お客様を大切にする会社を実現するには、具体的に何をすればいいのか。

――大塚　松尾さんは何から始めたのですか。

松尾　私は、営業職員から言われた「もう一度、自信と誇りが持てる会社にしてほしい」という言葉が忘れられません。それは、お客様から信頼される会社になるということです。信頼の証は、「満足度」として表れますが、それはすぐには捉えられないので、ご契約を継続していただくこと、契約クオリティをあげることから取り組んだわけです。

――大塚　今までの保険の営業は、新規契約さえとれれば、それで終わりというような新規契約至上主義みたいなものがありました。

松尾　営業職員が悪いのではなく、会社全体の仕組みに問題があったのです。営業職員制度は、

1件ご契約いただければ報酬に繋がるというシステムでずっときたわけです。したがって、本日新しいご契約がいただける訪問先とアフターサービスにうかがう訪問先のどちらを優先するかとなると、仕組み上、ご契約がいただけるお客様ということにならざるを得ませんでした。さらに、当時の営業職員のアフターサービスの質も、訪問頻度やお届けする情報の内容などに個人差がありました。これは、仕組みを変えない限り、変わりません。

そこで私は、08年から、個人営業改革に取り組んだのです。考え方は、「ご契約いただいているお客様の満足度を高めることによってのみ、新規契約がいただける」というもの。ただ、コンセプトだけで3万人の営業職員は動きません。私は、「制度としてこういう活動をしなさい、お客様にはこのタイミングでこういうことをしなさい、そうすればちゃんと報酬を払います」とアフターサービスを活動のベースにした処遇体系をつくらせたわけです。

営業職員の教育も、新規契約を重視した教育から、アフターサービス、メンテナンスを重視する教育へと変えました。お客様の要求される知識は年々高まっている。それに対応するには営業職員は知識とスキルを高めなければいけない。そのために毎年、営業職員には検定試験を実施しているのです。また、意識改革を促すために営業職員の呼称も、「MYライフプランアドバイザー」と変えました。

――大塚　**これは単なる営業改革ではなく、企業風土の改革ですね。**

松尾　そうです。営業組織を統括する指導者の意識改革も促し、営業の評価尺度も変えました。営業組織のモラール（やる気）の源泉は年間成績の顕彰なのです。その顕彰の評価項目を変えました。アフターサービスなどの事務品質と営業成績を個別に評価していたものを、組織マネジメントを含めた事務・営業一体の評価に変えました。以前は事務品質が悪くても営業成績がよければ組織は評価されましたが、それはおかしいと。

――大塚　**経営理念も変えたのですか。**

松尾　経営理念に、「お客様を大切にする会社に徹する」という項目を入れました。さらにお客様を大切にする活動としては、①お客様に安心をお届けする、②お客様の声を大切にする、③お客様ならびに社会に開かれた会社にする、という3つの企業ビジョンを設けました。

大事なのは、これらのことをいかに会社の計画や施策にビルドインしていくかということです。たとえば、「安心をお届けする」というのはどういうことなのか。これを掘り下げて伝えなければいけない。ただ会社が目指す方向だけがスローガン的にあるという経営はダメだと思います。

――大塚　**ところで、3・11による支払総額はどれくらいになりますか。**

松尾　私どものお支払い対象件数は、現在2000件くらいです。当初は、今回の震災で行方不明の方と亡くなられた方は合計3万人くらいとみていました。私どものお支払額は、300億円くらいと推定していたのですが、今、亡くなられた方が1万5000人、行方不明の方も減って約5000人と、合わせて2万人くらいになっています。ですから私どものお支払いも188億円と推定しています。（筆者註：11年10月現在）

――大塚　3・11で、われわれが学ばなければならないことはいったい何でしょう。

松尾　今回の震災は、日本人の事後対応力を証明したと思います。民間の現場力とか、復元力は圧倒的に強い。しかも、被災された方々があれだけの危機的な状況にもかかわらず、一糸乱れず秩序だった行動をされた点では、世界は驚嘆したと思います。

一方で、事前対応力――リスクに対する事前の予知力と対応力となると、課題があるということも証明されました。さまざまなリスクを想定し危機管理を行う一方で、想定から外れていたところもあります。

――大塚　想定外という言葉が飛び交いました。津波にしても、原発事故にしても、想定外だったと言いますが、どこまで科学的に、コスト的に想定していたのかが明らかにされていません。

松尾　想定をどこまでするかが重要なのだと考えます。金融機関では、銀行業界は自己資本比率規制、われわれ生命保険業界にはソルベンシー・マージン（保険金支払余力）比率規制という行政による監督規制があります。これは、何を示しているかと言うと、リスクを想定して、そのリスクに対する自己資本を保有しなければならないというものです。規制が厳しくなるということは、想定すべきリスクの範囲や量を広げるということです。具体的に言えば、これまでは100年に一度起こり得るリスクに対してカバーできるだけの自己資本を持っていればよかったところ、200年に一度起こるリスクに対してもカバーできる自己資本を持ちなさいと。そういう考え方が金融機関のリスク管理なのです。

今回は1000年に一度の震災といわれていますが、どこまでリスク管理を行うかを決めなければいけない。カバーするリスクの範囲を拡大すればするほどコストがかかります。そうすると事業として成り立たなくなるなど、いろいろな問題が出てきます。ですから、どこまでのリスクを持てば許されるのか、その範囲を決める国民的議論が必要だと思います。たとえば、原発にしても、あるいは堤防の高さにしても、100年に一度のリスクならいくらかかる。200年に一度だったらここまでカバーする、1000年に一度だったらカバーする範囲はここまでと。みなさんどうしますか、と国民に問わなければいけない。

――大塚　将来起こりうるリスクを真摯に国民みんなの前で議論する。

松尾　そうです。災害はこのくらいの確率で、やって来ますと。その影響を明らかにして、リスクを回避するにはこれだけのことをしなきゃいけないと。これは自然災害に限りません。自然災害は、いつ起こるかわからないので、想定しにくい。しかし、今、目の前にとてもはっきりしているにもかかわらず、対応できていないリスクがあります。

――大塚　それは何でしょう。

松尾　高齢化社会です。

75歳以上の人口は、現在の約1400万人から、10年後は約1900万人に増えます。その人たちの医療費は今、国民の医療費36兆円のうち約3分の1、12兆円です。それが500万人増えると、医療費はどう捻出するのでしょうか。

65歳までの生産年齢人口は毎年減ってきます。稼ぐ人、すなわち健康保険や国民年金・厚生年金などの保険料を払う人は減る一方なのに、逆にもらう人は急増しているのです。こんなはっきりしているリスクに対して、日本は十分な対応ができていません。これこそ今すぐ、日本は対策を打たなければいけない。

――大塚　政治家や政府の中には、日本は1440兆円の個人資産がある、

960兆円の公的債務は海外からの借金ではないので大丈夫という議論があります。ここでも、なんとかなるだろうという楽観主義が見られます。

松尾 確かにそうです。国債も今、95%は国内で消化されています。われわれ生命保険会社とか銀行などが買っているわけですが。最近は、金利の高騰、暴落リスクも指摘されていますが、それでも、なんとかなると思っている方もけっこういると思います。

介護分野への本格参入に取り組む

――大塚 次に、成長戦略についてお伺いします。

明治安田生命は、個人営業分野の保有契約年換算保険料を11年度から13年度までの3年間で10年度比9%増の1兆9600億円に、法人営業分野の収入保険料を同じく5%増の1兆5000億円に拡大する目標を打ち出しています。死亡保障分野の保険市場は縮小していますが、どういう分野の保険を拡大するのですか。

（筆者註：10年度とは2011年3月期決算、13年度とは2014年3月期決算）

松尾 おっしゃるとおり、死亡保障分野のマーケットは、95年に生産年齢人口がピークを迎えた後、96年以降縮小しています。他産業でも、たとえば百貨店、ホテル、建築、食品など内需型の産業は、いずれも90年代半ばをピークに縮小していますよね。一方、医療、年金、老後保障の分野は成長しています。

――大塚　ここにきて明治安田の収入保険料は一気に伸びています。銀行の窓販による一時払終身保険が、業績に寄与しているようですが。

松尾　私どもの収入保険料も、私が社長になったときは行政処分の影響もあり、05年度、06年度と連続して減少し、2兆5000億円に落ちました。07年度から少しずつ上向いてきて、10年度は3兆9400億円まで伸展しました。

最大の理由は、おっしゃるとおり、銀行窓販による一時払終身保険が好調だったということです。われわれが一時払終身保険を積極的に販売し始めたのは、08年秋のリーマン・ショックの後です。その前までは、窓販では変額年金という保険が主流でした。この商品は高い利率の実現が可能となる点が特徴で、主として株式に投資をして運用するため、運用環境の影響を強く受けやすい面もある保険です。それが一時、圧倒的に売れていました。一方、当社は、変額年金ほどの高い利率は期待し難いものの、われわれにとってもお客様にとっても、相対的にリスクが小さい定額型の商品を販売しました。私は、売り上げがなくてもかまわない、会社もお客様も必要以上のリスクを取ることは望ましくないと言って、定額型商品を主体にしたのです。そこにリーマン・ショックが起こり、いろいろな金融商品の中で、比較的安定性・安心感の高い一時払終身保険が売れたということではないかと思います。

——大塚　先ほど挙げられた医療、年金、介護分野ですが、どのような事業展開を考えていますか。

松尾　私どもは、中期計画の大きな取り組みとして介護分野への本格的な参入を掲げています。1つ目は、特約ではない単品の介護保険商品を投入します。12年1月には、生命保険料控除制度が改正され介護医療保険料控除が新設されますので、現在、発売に向け鋭意準備中です。2つ目は、介護施設事業への進出です。3つ目は、介護分野全体のソリューションを提供します。たとえば、お客様に対してどういう介護施設があるのか、また、どんな介護施設に入ればどんなサービスが受けられるかなどといった情報を提供するサービスです。

現在、75歳以上の方は約1400万人おられ、要介護や要支援で、介護保険から給付を受けている方は490万人くらいです。70歳の方でも給付を受けている方がいらっしゃるでしょう。あと10年で500万人増えたら、介護給付が必要となる方々がどれだけ増えるか容易に想像ができます。

——大塚　ところで、株式会社化への転換についてはいかがお考えですか。

株式会社化すれば、資金調達が容易になり、経営の自由度が広がる反面、企業価値の向上を気にし、株主重視、収益重視の経営を余儀なくされるという面もあるといわれます。

松尾　将来的に重要な選択肢だと思います。ただ単に資金調達ができるという理由だけで、株式会社化するのは少し違うと考えています。

株式会社になることは、株主に信任を受けることが大前提になります。そのためには株主にとっての価値を上げていくべく成長戦略をしっかり示し、成長する姿をお見せすることが必要だと思います。その他、現在、金融全体として資本規制とか、国際会計基準など、金融監督規制や会計の枠組みが大きく変わろうとしている時期でもあります。こうしたことを考慮すると、今のタイミングで株式会社化するのは難しいと思います。

一方、グローバルに展開できる会社を目指すには相互会社のままでは難しい面があることも事実です。相互会社というのは、保険給付を行う目的で組織された会社形態です。国内の生命保険以外の事業を大々的に展開し、リスクをとって収益をあげるという性格の会社形態ではありません。保険料は、将来何かあったときに保険金等をお支払いするための資金ですから、リスクをとる範囲は限定されると考えています。

――大塚　その海外事業ですが、明治安田生命は、10年にドイツの保険会社タランクス、インドネシアの保険会社アブリスト、そして中国の家電メーカー、ハイアール・グループの保険子会社と、矢継ぎ早に提携しています。投資総額四百数十億円になります。グローバル展開の始まりですね。

松尾　そう、私はグローバル展開を視野に入れた会社を目指していきたいと思っています。国内でがんばらなければいけないのは当然ですが、ただ先ほども申しあげましたが、国内は少子高齢化が進み、死亡保障マーケットなどは縮小しています。私どもは人を相手にするビジネスですから、国内マーケット以外の成長分野を開拓していく必要があるのです。

――大塚　ドイツのタランクスと資本・業務提携をしています。目的は何ですか。

松尾　タランクスは、ドイツで3番目の大手保険グループです。EU域内だけでなく、東欧、トルコ、南米へ進出するなど、急ピッチでグローバルな展開をしています。そういう地域へ私どもが単独で進出するのは難しいので、彼らと組んで一緒に出ていくということです。

タランクスと提携してわかったのは、その情報量の多さです。日本では入らないヨーロッパの保険業界のM&A案件や、投資物件など、本当に豊富な情報を持っています。

私どもがタランクスと提携した目的は、ポーランド、トルコ、ブラジルなどで保険会社のM&

Aなどを共同出資で行い、そのような地域での保険事業に参入することなんです。

――大塚　中国のハイアール・グループとも業務提携された。ハイアールのトップにお会いになっていかがでしたか。

松尾　ハイアール・グループはもともと電機メーカーですから、生命保険事業に関するわれわれへの期待は大きいものがあります。

10年に、その傘下生保会社のハイアール人寿に出資したわけですが、中国の保険市場は11兆円で、世界第7位。しかも、成長率は年平均約30%と高い。生命保険の普及率はまだ約2%くらいです。会社ができてまだ8年と、マネジメント力や、販売チャネルも弱い。私は、これから新しく作り上げていくというスタンスでやっていかなければいけないと思っています。アジアでの展開という点では、今後、インドやベトナム、タイなども検討していきますが、まずは中国のハイアール人寿と、同じく10年に出資したインドネシアのアブリストの軌道乗せを図っていきます。

――大塚　資本・業務提携した新興国の保険会社は、いずれも明治安田生命のノウハウやマネジメント力に期待しているのではないですか。

松尾　彼らは、私どもが130年間日本で培ってきたノウハウやスキルを求めていると思います。その期待にはお応えしたい。

だからと言って、単に日本のビジネスモデルをそのまま海外へ持ち込んでも、成功しません。日本のビジネスモデルは大量の営業職員チャネルを核に、総中流社会の保険マーケットの中で展開してきた特殊なビジネスモデルですから。

私は、グローバルというものは、要するにローカルの積み重ねだと思っています。特に生命保険は、違う民族、違う宗教、違う国の制度、違う社会保障など、もろもろ違う中での人と人のビジネスだけに、ローカルマーケットに根ざしてやっていく必要があります。

だから、世界に共通するわれわれのやり方、ノウハウ、マネジメントをしっかり教えますが、ローカルに根ざしてやるということです。私は、決して日本のやり方を押しつけるなと言っています。

それともう一つは即物的かもしれませんが、進出日系企業の顧客化でも貢献できます。インドネシアや中国に進出して1年足らずですが、すでに数件、現地の日系企業からご契約をいただいています。

――大塚　最後に、松尾さんは明治安田生命をどんな会社にしたいとお考えですか。

松尾　やはり、お客様満足度の高い会社にしたいですね。

――大塚　松尾さんは社長になって以来、一貫してお客様満足度を高める活動

「もっと！ＭＯＴ運動」に心を砕いています。その成果はいかがでしょうか。

（筆者註：「ＭＯＴ」とは「もっとお客さまを大切に」の略）

松尾　「もっと！ＭＯＴ運動」は、新しい社内風土創造のために始めたプロジェクトです。現在は、お客様に感謝していただくためにどうすればいいのか、ホスピタリティ（おもてなし）をメインテーマに据えて活動しています。ホスピタリティもホテルとか、いろいろなホスピタリティがありますが、生命保険会社としてのホスピタリティを創意工夫しながら推進していきます。その効果の証はお客様の感謝の声です。お客様からどういう声をいただいたのか社内で共有できる仕組みを作っています。こうした取り組みの成果もあり、お客様満足度も、ほぼ上がってきています。

——大塚　「ほぼ上がっている」というのはどういうことでしょう。

松尾　実は今、満足度の向上が足踏み状態にあります。満足度は、統計を取り始めてからずっと向上してきていたのですが、満足・やや満足の合計が、09年が43％、10年は42％と壁にぶつかっているのです。

私は社内では、「お客様は去年と同じサービスを今年受けたら、満足度は下がる。同じりんごを続けて2個食べたとき、2個目は1個目よりもおいしくなくなるよね。3個目はもっとおいしくなくなるよね。それと同じ。お客様の期待水準は上がる。だから、われわれはお客様の期待水準を超えていかないといけない」と話をしていますが。

——大塚　満足度を高めるには、まず不満を見つけなきゃいけない。

松尾　いえ、それは違います。不満を解消しても満足にはならない。普通にしかならない。満足というのはプラス、不満はマイナスなんです。普通はプラスマイナスゼロ。たとえば、お客様に書いていただく申込書などの書類があります。営業職員は、項目を簡素化したらお客様からの評判が上がりましたと言ってくる。ところが、満足度は上がらない。不満な人が減るだけなんです。不満を解消しても、満足度は上がらない。お客様は感動しないと満足しない。

われわれは、11年10月から、新たにお客様にご加入いただいたときの満足度を上げることに取り組んでいます。お客様にライフスタイルやライフステージに応じて、従来以上に柔軟性をもって保険を選んでいただける新しい保障体系と、それにあわせたコンサルティング提案を導入しました。

お客様が保険にご加入されるときの満足度は何で決まるか。それは、お客様が自分で選ぶかどうかで決まります。たとえば、ゴルフのキャディで、「お客さん、あなたの腕なら、5番アイアンでいいわよ」と言う人がいますね。これを嫌う人もいると思います。だから私は、今まで嫌われるキャディになっていなかったかと言うのです。「5番アイアンでもいいと思いますし、7番アイアンもあります。どちらになさいますか」と言えばお客様の反応は違ってきます。つまり、「こういう観点で見ればこのプランがいいと思いますし、別の見方をすればこのプランがいいと思います。お客様ご自分でどうぞ選んでください」というセールスをしないといけない。自分で選んだということが満足度を上げるのです。

そして、ご自分が加入していらっしゃる商品の仕組みを知っている、さらに申しあげれば仕組みをきちんとお答えになれるお客様ほど満足度が高いのです。

Chapter-9

前田新造

資生堂会長

震災支援で
社員が再確認。
人が美しく、生きるために、
我々ができること。

●まえだ・しんぞう
1947年大阪府出身。慶應義塾大学文学部卒業後、'70年資生堂入社。化粧品企画部長、国際事業本部、経営企画室長などを経て、2005年社長に。ブランドを集約する「メガブランド戦略」を打ち出し「uno」「TSUBAKI」をヒットに導く。'11年4月会長就任。

化粧を通じて元気に、心豊かに

「横浜に住んでいる僕は、4回も計画停電を経験しているんです。停電になるとどれほど辛いか。帰宅途上の道路という道路は、街灯も信号も、すべて消えている。月夜でなければ、あたりは真っ暗です。犯罪や交通事故も起きやすくなる。自宅に着いてもチャイムは鳴らない。家の中は真っ暗。電話は使えないし、お風呂も入れない。自然と、夫婦の会話はなくなる（笑）。これはとんでもない世界だと思いましたね」

インタビューの途中、話が福島第一原子力発電所事故による電力供給不足の問題に触れると、資生堂会長の前田新造は苦笑しながらこう語った。

3・11の東日本大震災から3ヵ月。震災からの復旧・復興の遅れが指摘されていた。岩手、宮城、福島の東北3県の復旧・復興は遅々として進まず、各被災地に山積みされた瓦礫の除去も手付かずのまま。深刻なのは、福島第一原発事故の処理、冷温安定化への確たる見通しが立っていないことだ。そのために原発20～30キロ圏「計画的非難区域」以内の住民は長期の避難所生活を余儀なくされ、一方、周辺の農畜産業を含む地場産業は廃業に追いやられている。

日本の基幹産業である自動車、電機、化学といった産業は、電子部品、半導体工場の被災によるサプライチェーン（供給網）の機能マヒで、大打撃を被っている。まさに世界に誇ってきた〝モノづくりニッポン〟が危機的状況となっているのだ。

そんな中、いち早く震災からの復旧を遂げ、被災地への支援活動を積極的に行うと同時に、3・11後の新戦略を展開する元気な企業がある。化粧品の最大手、資生堂がそれだ。

同社は埼玉県にある久喜工場が被災しただけでなく、東北3県のお得意先の店舗、約200店が全半壊となるなどの影響を受けている。しかし、精力的に被災地支援活動を続ける一方、新たなグローバル戦略を展開、〝再生日本〟を実現すべく邁進する。

そんな同社の前田に、大震災・原発事故の克服策と今後の生き残り戦略について訊く。

前田は2011年4月に会長に就任した。6年間の社長時代、百貨店などの店舗で化粧品を販売するビューティーコンサルタント（以下BC）や営業担当のノルマ撤廃、100以上あったブランドの統合など、次々に改革を実現してきた。「100％お客様志向の会社に生まれ変わろう」「ブランドを光り輝かせよう」「魅力ある人で組織を埋め尽くそう」と3つのビジョンを掲げ、経営革新に奔走した。

――大塚　まず、震災による資生堂の被害状況からお伺いします。

前田　東北3県には、我々の商品を販売している化粧品専門店さんなどの販売店が約1600店あります。そのうち、約200店が全半壊の被害にあわれました。このうち9月末時点で57％が営業を再開しましたが、なお17％が休業しており、廃業などで取り引きを解約した店舗も26％あります。

また、埼玉県久喜市にある工場が被災し、稼働停止となりましたが、3月28日に復旧しました。

――大塚　社員も被災された方がおられるでしょう。

前田　おかげさまで、グループの全員が無事で、犠牲者、行方不明者は一人もいませんでした。しかし、ご家族やご親戚を亡くしてしまった社員がいます。

――大塚　安否確認にどれくらいかかりましたか。

前田　最大で5日間かかりました。僕が一番、心配していたのは社員の被災状況でした。地震発生当初、東北3県で安否確認がとれていない人が十数名ばかりいました。しかし、われわれの緊急対策本部による必死の捜索で、安否確認の取れていない人は、5日すぎた3月16日時点で2名だけとなりました。そのうちの1人は当日の昼過ぎに無事であることがわかりましたが、もう1人の安否が依然として不明のままで、現地の地域対策本部や営業担当者たちが必死になって捜索活動を続けていました。

——**大塚　その方の職場はどこでしたか。**

前田　宮城県石巻市の専門店で働くBCです。そこのご店主によると、地震の後、「津波警報が出ている。今日はもういいから早く帰りなさい」とおっしゃった。BCは後片付けして、「じゃ、奥様、申し訳ありません。お先に失礼します」と車で帰りました。ご店主が見送ると、彼女の乗った車は海へ向かう坂道を下っていったそうです。だからご店主は、津波にさらわれたのではないかと心配されていました。

その光景が脳裏に焼きついているものだから、ご店主は、「店から帰さなければよかった」としきりに悔やんでおられました。われわれの捜索隊はあちこちの避難所を回り、所在を確認しましたが、該当者はいない。あきらめた捜索隊は、ご家族に報告するために、山の中にある彼女のお兄さんの家を訪ねました。すると、なんと、出てきたのが彼女その人だったのです。捜索隊は歓声を上げました。その第一報が入ると、東京の対策本部の皆も、拍手をして喜びました。僕も胸がいっぱいになりました。後日談ですが、彼女が海に向かって坂を下りたのは、いったんその道を通らないと、山への道に出られないということでした。携帯がつながっていればもっと早く安否確認ができたんですけどね。

——**大塚　よく全員無事でしたね。**

前田　中には、津波で脱線した電車の中に閉じ込められたBCもいました。彼女は病院に担ぎ込まれて意識を取り戻したそうですが、かすり傷で済みました。無事に助かったのでよかったと思いますね。

——**大塚**　**久喜工場はいかがでしたか。**

前田　工場の被害状況は、震災直後すぐに連絡が入ってきました。工場内の配管がずれた。そのうえスプリンクラーの誤作動で工場は水浸しになり、資材の在庫が冠水してしまったのです。

数日後、僕は久喜工場へ陣中見舞いに行ってきましたが、震災当時の様子を聞くと、発災後、5分以内に全員の無事を確認しているのです。日ごろの避難訓練では、震災時は全員トラックヤードに集まることになっていた。訓練どおり、そこに全員が集まった。1人だけ、過呼吸を起こした社員がいましたが、病院へ運んで治療をして帰ってきたんです。避難訓練による成果ですね。

——**大塚**　**前田さんは、大地震の直後に緊急対策本部を立ち上げています。普段から危機管理の訓練をされていたのですか。**

前田　リスク・マネジメントです。本社の対策本部の設置と同時に、全国の営業網を対象にした営業部門緊急対策本部をつくりました。これは全営業の情報を吸い上げる対策本部です。本部長は国内営業担当執行役員です。それだけではダメだ、東北など被災地の情報を吸い上げる対策本部が必要だということで、東北、関越の両支社長を本部長とするエリア対策本部も立ち上げました。上から本社緊急対策本部、営業部門緊急対策本部、エリア対策本部の3つをつくり、それぞれが連携しながら、安否確認、救援、コミュニケーションなどの実務を進めました。みんな、よくやってくれたと思います。

――大塚　前田さんは大震災が起きたときはどこに？

前田　外出先で大地震に遭遇しました。すごい揺れに驚きました。幸い、本社と同じ東京都港区内におりましたので、すぐに帰社することができました。その時点ではまだ道も混んでいなくて、スムーズに移動できました。

会社に着くと、携帯が繋がらなかったものですからガードマンにお願いして秘書に繋いでもらった。秘書はヘルメットと水と懐中電灯を持って、22階から階段で2階受付のところまで降りてきた。僕が、開口一番、「副社長はどこへ行っている？」と聞くと「外出している」という。すぐに副社長の携帯にかけてみると不思議なことに繋がった。「どこにいますか？」というと「今、千代田区にいて、会社に向かっています」と無事が確認できた。そうして副社長が帰って来ると、ただちに、本社緊急対策本部をCSR部のある16階に設けました。

――大塚　そのとき、前田さんの頭をよぎったのは何でしたか？

前田　尋常ではないということです。阪神・淡路大震災のとき、被災地域は主に兵庫県の限定的地域だったにもかかわらず、大きな被害が出ましたからね。

私はずっとテレビを見ていました。すると津波の様子を映し出している。海の水が、家、畑、田んぼをなめていく。人々は悲惨な叫び声を上げて避難する……。すさまじい映像がリアルタイムで放映される。私は生半可な対応ではダメだと思いました。販売第一線の社員はお店で活動している。そのお店自体との連絡もままならない。ご店主はどうしておられるか、社員は大丈夫だろうか。心配でたまりませんでした。

――大塚　東北3県で資生堂の商品を扱っている販売店は1600店、うち被災したお店は200店と伺っています。

前田　被災された専門店さんから勇気をいただきました。

車と一緒にお店が流されてしまった石巻市のあるご店主は、一日でも早く被災されている人たちに化粧品を使ってもらい、元気になってもらいたいと思い、バラックを建て、そこを仮店舗にして販売を再開された。ご自身も、避難所に身を寄せる人なのにです。自分はこれまで地域の人たちに支えられ、生かされてきた。今こそ、地域の人たちに恩返しするときだ。化粧品を使ってもらって、元気を出してもらおう。そして一刻も早く、本来の日常生活に戻れることを実感してほしい。そう、ご店主はおっしゃっていた。頭が下がりますね。私たちも、もっと積極的に復興支援の手を差し伸べるべきだと思いました。

――大塚　支援といえば資生堂は最初ドライシャンプーやボディーシートなどを寄付された。

前田　今回の震災で改めて感じたのは、被災地のニーズは時が経つにつれて変化していくことです。

大地震が起きた直後は、まず生命にかかわる水、食料、医療品が必要になります。それらをいかに迅速に供給することができるかですね。われわれも、一応、水とかインスタントラーメンなどを備蓄していましたが、社員からも拠出を募ってトラックに積んで被災地へ届けたのです。

被災者の方も、落ち着きを取り戻されると、お風呂に入れず、顔も洗えないので、清潔が気になります。その段階で資生堂ができることは何か。水なしで髪を洗えるドライシャンプーやボディーシートなどの提供です。ドライシャンプーは、阪神・淡路大震災のときに大変重宝がられました。今回もお役に立てるだろうと被災地へ3万本を寄付しました。また、店頭に置きたいというお店には28万本を出荷しました。洗顔料、ボディーシートなど25万個を寄付しました。

――大塚　化粧品のニーズはいつごろから出てきましたか。

前田　震災から2ヵ月ほど経ったころですね。被災者の人たちは、生活が落ち着いてこられると、避難所の中にいても、日常生活に戻りたいと思われるようになります。とくに女性の方々はやはり身だしなみを気にされる。口紅でもひいて、元気になろうと思うわけです。眉も剃っておられる方が多いので、眉墨が要るだろうと。化粧ポーチを持って逃げてきたわけではないので鏡もない。

そこでわれわれは社員のボランティアを募って、化粧水、乳液、ファンデーション、眉墨、ボディーシートなどをセットにし、被災地へ送りました。袋の中には商品の使い方や避難所での生活に役立つ情報を記載したリーフレットも入れました。それを3万セット作って、東北3県の被災地へ寄付しました。

――大塚　**商品は避難所へちゃんと届きましたか？**

前田　われわれは単に送るだけでなく、気持ちよく使っていただこうと、東北支社が中心となって、BCも営業担当の男性社員も総出で避難所を回り直接手渡ししました。テーブルをしつらえて、女性の人たちに使い方を説明する。男性の方々やお子さんにも呼びかける。来られる人たちには全員でハンドマッサージをして差し上げる。すると、みなさん、「気持ちいい」と喜んでくださる。

そうして、逆に社員が被災者の方々から元気をもらえるという、思いがけない副産物をいただきました。社員は支援活動を通じて資生堂の経営理念の大切さを再認識してくれたと思います。人が美しく生きるということに対して、われわれはどれだけ貢献できるか。また、化粧を通じて元気になってもらう、心豊かになってもらう。この大切さを、社員は実践を通して体感してくれたと思います。

企業はもっと復興支援活動に力を入れるべきだと思います。

――大塚　しかし、営利企業である限り、支援活動を続けるわけにはいかないでしょう。

前田　私は今回の大震災で、国難の際における企業のあり方を学びました。

日本の根本を揺るがすような大震災ですから、やっぱり国民も企業も、もちろん政府も国を挙げて、「一に復興、二に復興、三に復興」ではないかと思います。復興へ、日本の全エネルギーを傾注していく。企業にとって営利が大事なのは言うまでもありません。株主様からも、売り上げはどうだ、利益はどうだ、配当は出せるのかと言われ、経営状態を厳しい目で見られています。

しかし、今、日本は未曾有の国難に直面しています。企業にとって最も大事なのは、社会に生かされている公器としての役割、ミッションをどこまで果たし切るかということです。経営には、時には営利よりも優先する判断を下すべき場合もあります。まさに全力投球で国難に立ち向かい、一刻も早く、日本を復興させることを優先しなければなりません。

その喫緊の課題が、日本企業には課せられているのです。日本中の企業の復興マインドが集中すれば、ものすごい規模の復興エネルギーになります。


——大塚　今回の震災のリスク・マネジメントで反省すべき点は何でしょうか。


前田　見直すべきところはたくさんあります。

たとえば、安否確認。対策本部から社員に発信するばかりではなく、社員のほうからも災害対策本部へ発信すれば、双方向で確認できる。

もう一つは、首都直下型の地震や東海沖地震が発生し、東京・汐留の本社機能がマヒした場合です。大地震への備えとして万が一の場合、本社機能をどういう形で移転すべきかを含め、今あるBCP（事業継続計画）に、よりしっかりとしたプログラムを決めておく必要がある。

また、その場合、帰宅困難者への避難対策をどうするかです。これはいろいろな経済団体と連携してやっていけば、効果がはるかに高まるのではないかと思います。たとえば、私たちは、都内に6ヵ所のオフィスビルを持っています。同じように、他の会社も、都内にビルを持っています。同一地域内にビルを持つ会社同士が話し合って、帰宅困難者の避難所となるように整備を行う。そうすると帰宅困難者の受け入れ避難所が充実すると思います。

進出先の国民に豊かになってもらうという哲学

——大塚　ところで福島第一原子力発電所事故の影響で、各原発の運転停止による電力不足が指摘されています。この電力不足の長期化に対してはどう対応されたのですか。

前田　もちろん、乗り切りました。

政府は15％の削減を唱えていますが、われわれは昨年比20％以上の削減を目標にしていました。電力需要が大きいのは工場とコンピューターセンターです。コンピューターセンターは自家発電装置をより強力な装置へ換えることによって節電を図りました。また、工場は稼働時間をシフトすることでピーク時の電力消費量を減らしました。

一方、本社では、出退社時刻を早めました。朝は通常8時半始まりですが、7月1日からは7時～7時半始まりを呼びかけました。もちろん、その分の早朝出勤にも手当をつけています。われわれは「モーニングビズ」と呼んでいましたが、みんなもう率先して実行してくれました。

僕は早めに出社していますので、いつもエレベーター内には一人でしたが、夏からはいっぱいになりました（笑）。

終業時間は午後5時15分で変わりませんでしたが、消灯時刻は午後10時から8時に変えました。朝早ければ電車は空いているので涼しいし、夕方は早く帰れるので、映画を1本見て帰られるなど、けっこういいこともたくさんありました。

――大塚　イタリアも国民投票で原発凍結が上回るなど、ドイツが原発中止を決定し、世界的に脱原発が叫ばれています。

前田　電力供給は、太陽光や風力などの自然エネルギーが取って代わる時代が来ると思います。再生可能な自然エネルギーの開発ピッチを速め、普及拡大するようにしなければなりません。

しかし、明日から自然エネルギーに切り替えろと言われても、それは無理です。今回の事故で得られた教訓を活かして、まずは安全基準をしっかり見直して、万全な安全対策を講じてもらわないといけません。

――大塚　資生堂の工場には、自然エネルギー装置がつけられているのですか。

前田　資生堂の米ニューヨーク州の工場では大型風力発電機2基を導入していて、工場全体の電力カバー率は60％に達しています。また、米ニュージャージー州にある工場は、太陽光発電を導入し、工場全体の電力カバー率は71％もあります。

日本でも、静岡県の掛川工場には太陽光パネルを装置しています。もっともそこは外灯用で、生産をカバーできるほどの発電はできていません。今後、われわれも徐々に、自然エネルギーへの切り替えを図らざるを得ないと思います。

——**大塚　企業の中には、海外に生産拠点を分散させるところが出てきています。**

前田　もともと私たちは、商品はマーケットのあるところで製造して販売するという方針でやってきました。中国では、中国で作って、中国で売る。アメリカやヨーロッパでも、ほとんどの商品を現地で生産し、現地で売っています。現在、資生堂は海外に11工場を持って、生産販売を展開しています。ですから、日本の既存の工場を海外に移転することは考えていません。

しかも、国内の工場は、2006年に6つの工場を4工場（久喜工場、鎌倉工場、掛川工場、大阪工場）に集約し、合理化しています。

——**大塚　現在、資生堂の全売上高に占める海外売上高比率は？**

前田　43%です。2017年には50%を超えることを目指しています。

グローバルマーケットとしては、中国の成長が著しい。中国は全売上高の10%を超える重要な市場です。ここ数年、10%台半ばの高い成長率を維持しています。

また、ベトナム、マレーシア、タイ、シンガポールなども成長している。さらに欧米でも資生堂のマーケットは拡大している。また、昨年は南アフリカやモンゴルなどに参入し、現在85ヵ国・地域で事業を展開しています。

――大塚　資生堂のグローバル戦略についてお伺いします。中国での成功がアジア戦略の基本になっているようです。

前田　中国は当社の福原義春（現名誉会長）が最初に井戸を掘った人です。その想いは、人民服を着て化粧っ気もない中国の女性たちを見て、彼女たちの生活向上に貢献すべきだという使命感でした。決して儲けるためではない。もし、13億人の消費力だけを目当てに進出して行ったら、今ごろは撤退の憂き目に遭っていたかもしれません。中国の人に、より豊かになってもらいたい、より美しくなってもらいたい、という経営哲学だからこそ、今日の中国における資生堂の成長があるのです。

――大塚　中国での販売網はデパート、専門店、ドラッグストアを含めて5000店以上。また、北京と上海に2つの工場、さらに北京には研究所を持っています。福原さんは我慢に我慢を重ねた30年間だったと述懐されていた。

前田　この30年は基盤づくりの10年、ブランド・イメージ確立の10年、そして中国でのビジネスを成功に導くための10年でした。ブランドというものは我慢強く磨き上げていく必要があるということを学びました。中国の化粧人口は現在の約1億人から2015年には2億人、20年には

3・5億人に増えると予想されています。そういう中で、資生堂が「憧れ」のブランドとして思っていただけるようになれば貢献度はより大きなものになっていく。中国に対しては、これからもしっかりと楔を打っていくことが大事だと思います。

――大塚　中国がアジア事業の牽引車となっていく。

前田　韓国、タイ、マレーシア、シンガポール、ベトナムなど、アジアのその他の国々においても、競争は激しい。しかし、資生堂の優位性というものをしっかり持っていけば、必ず支持してもらえると確信しています。目指すのは、中国と同様に、女性の心の中に圧倒的な存在感のあるブランド、持つことでプライドが得られるようなブランドにすることです。

――大塚　資生堂は2010年3月、米国の自然派化粧品会社「ベアエッセンシャル」を17億ドルで買収しました。これは米P&Gや仏ロレアルなど、世界の巨人と闘ううえで、不可欠なM&A戦略の一環なのでしょうか。

前田　ベアエッセンシャルが持つ自然派化粧品は魅力があります。また、買収によって資生堂グループの規模が拡大します。しかし、資生堂にとって最も大事なことは、これを契機に、多様性への対応を図れる企業へと脱皮することだと思います。このことは企業がグローバル化するうえで、絶対欠くべからざる必須条件だと思います。

日本オリジナルの価値観だけでグローバル化を図ろうとすると、どうしても限界が出てくる。ベアエッセンシャルがグループ企業になることによって、お互いが相互の価値観を尊敬し合い、認め合う。そしてお互いに切磋琢磨しながら成長する。これは今後、資生堂が世界に打って出る試金石となります。そういう意味で、ベアエッセンシャルはなんとしてでも成功させなければならない。M&Aは、ロレアルもP&Gも積極的に行っています。ロレアルは、シュウウエムラをはじめ、ユエサイ（羽西）など、次々と買収しています。

ですから、グローバル企業はオリジンとする国以外の価値観も取り入れながら、世界のいろいろなお客様に対応していくということですね。

――大塚　資生堂のエキスパティ（特殊性）は何ですか。P&Gやロレアルにはない強みは何でしょう。

前田　資生堂の価値は3つの要素で構成されています。1つは、リッチ。これは価格など外見上のリッチさではなく、商品を通して使う人の心を含めたリッチさを語っていくこと。2つ目は、ヒューマンサイエンス。化粧品を使うことによって心を豊かにすること、身体に及ぼす効果を追求すること。まさに化粧を科学するということです。3つ目がおもてなしの心。これは英語で言うホスピタリティでもなく、対価を求めるサービスでもない。まさに、お客様との応対の間で唯

一無二の価値が生まれる。この3つの掛け合わせで生まれるものが資生堂の価値の根源なのです。この点がロレアルやP&Gと違うところであると考えています。

——大塚　グローバル人材の育成が急務のようですが、どう育てていきますか。

前田　人材育成はグローバル化のスピードに追いついていないというのが正直なところです。キャッチアップするには、今まで以上に、多くの社員に海外駐在経験を積ませること、海外駐在者には別の海外事業所へ異動させること、また日本にいながらも海外事業を経験させることが大事ですね。われわれの人材育成方針は、人は仕事を通じて磨かれ育つということです。加えて、研修、異動、ローテーション、それからＯＪＴというのがあります。

３年前から、幹部候補となる社員にグローバル感覚を身につけさせるため、約１年間の研修を実施しています。その中にはスイスのＩＭＤで、ネスレやＰ＆Ｇといったグローバル企業の社員とディベートするプログラムなどもあります。

いずれにせよ、僕の訴えたビジョン、お客様志向の会社に変わるのも、ブランドを磨くのも、やっぱり社員の力が一番大事になります。

——大塚　最後に、資生堂をどういう会社にしていきたいとお考えですか。

前田　お客様に資生堂と暮らしたいと思ってもらえるような最高のブランドを生み出す企業です。資生堂の商品をたくさん使っているお客様がたくさんいるということも大事ですが、一人ひとりのお客様に、私は資生堂と暮らしているのよと言ってもらえるような企業ですね。

いかにお客様の身近にいるかでしょう。商品は高価なものからそうでないものまでありますが、全部生活の中に入ってきて、資生堂があるからいいわよねと言っていただければいいですね。

資生堂を強くする。日本企業全体が強くなる。そうすれば日本も再生に向かっていくと思います。

三宅占二

キリンホールディングス社長

Chapter- 10

人と人の絆作りに、貢献するというミッションを世界に広げていく。

●みやけ・せんじ
1948年東京都出身。慶應義塾大学経済学部卒業後、'70年キリンビール入社。営業畑を歩み2002年取締役酒類営業本部東海地区本部長、'07年キリンビール社長に。'10年より現職に。

「癒しのお役に立つ」という社会的ミッションを再認識

「キリンビールの仙台工場は、ビール貯蔵タンク4基が倒壊するなど大きな被害を受けました。復旧は長期化すると思いましたが、工場従業員や関係会社の方々の懸命の作業で、2011年9月、再稼働しました。従業員全員の情熱と努力のおかげです。そんな工場の従業員を、私は、誇りに思います。瓦礫の山とか散乱した製品を片付けるだけでも、大変だったと思いますよ。

私の胸を打ったのは、被災者でもある彼らが辛さや悲しみに耐えてがんばってくれたことです。私は11年6月に、現地へ入りました。ビール会社の社長のときから何回も行っていますから、現場の人を知っている。昔から知り合いの人が現場で元気でやってくれている姿を見て感激しましたね。個別に話しかけると、彼は涙を浮かべながら、『実は家が津波で流されましてね』と。ほとんどの従業員は、辛さを乗り越えて、『工場を復活させて仙台産のおいしいビールを地元の人に提供するんだ』という熱い思いが漲《みなぎ》っていたと思います」

私が「仙台工場が復旧しましたね」と言うと、キリンホールディングス社長の三宅占二はしんみり語った。

キリンホールディングスは、国内ではキリンビール、キリンビバレッジ、メルシャン、協和発酵キリンなど、また海外ではオーストラリアのライオン、フィリピンのサンミゲルなど、国内外合わせて約280社のグループ会社を擁する持ち株会社。日本最大の総合飲料グループだ。2010年12月期連結決算の売上高は、対前年同期比4％減の2兆1778億200万円、営業利益は同18％増の1516億1200万円、純利益は同77％減の113億9400万円。営業利益率は7％。

今回の大震災で、キリンビールの仙台工場と取手工場（茨城県）が被災した。被害は、取手工場は比較的軽微だったが、仙台工場ではビール貯蔵タンク4基が倒壊しただけでなく、津波によってパッケージング設備、倉庫などの浸水や商品の流出が発生するなど大きな被害を受けた。取手工場は4月上旬、仙台工場は9月下旬、いずれも再稼働している。震災に伴う特別損失は169億円を計上した。

注目すべきは、同社のアジア・オセアニアを主とする海外事業の拡大政策である。キリングループビジョン「KV2015」を掲げ、15年には売上高3兆円、売り上げ及び利益の海外比率30％を目指す。因みに、10年12月期連結の海外売上比率は25％。

現在、海外には、オーストラリアの総合飲料グループ「ライオンネイサン社」、フィリピンのビール会社「サンミゲルビール社」、ベトナムの飲料会社「インターフード社」などのグループ企業を擁し、10年にはシンガポールの飲料会社フレイザー・アンド・ニーヴ社に出資し、また東南アジア地域統括会社「キリンホールディングス・シンガポール」を設立。11年8月には中国の華潤創業社と清涼飲料の合弁会社「華潤麒麟飲料有限公司」を設置するなど、アジアでの事業を拡大する一方で、同月、ブラジルのビール、清涼飲料事業を有するスキンカリオール・グループの株式を取得している。

三宅は、キリンビール社長を経て、09年3月にキリンホールディングス副社長、10年3月に同社社長に就任した。

三宅経営の特徴は、継続的な社内風土改革である。キリンビールの社長時代に、国内市場に縮小が見込まれる厳しい環境下にあったが、KV2015実現の鍵となる国内酒類事業の再成長に向けて「V10推進プロジェクト」を主導した。「酒類事業の誓い」というビジョンに加え、「役割を超える」など、キリンに足りない6つの「行動の原点」を発表した。三宅は、全国を回って車座の対話集会を実施し、生産・物流・営業のセクショナリズムを排除し、縦横の風通しのよい、自由闊達な風土へと改革していった。社員の意識改革は、現在も取り組んでいる。

そんな三宅に、3・11と将来の経営ビジョンを聞いた。

――大塚　3・11とはいったい何だったのでしょう。

三宅　社員全員がキリンの社会的ミッション（使命）を再認識する一つの機会となりました。私どもの製品の、お水やお茶や清涼飲料を被災地へ届けると皆さんに喜んでいただける。その人たちの表情を見て、「ああ、われわれは社会のお役に立っているんだ」と、会社の社会的使命を感じたと思います。社会になくてはならないものをわれわれは担っているんだと。

酒類事業でもこんなエピソードがありました。研修で東京に来ていた東北の女性セールスが、やっと交通も繋がり、仙台に帰った。街では、給水車やガソリンスタンドに大変な行列ができている。その光景を見ながら「ビール会社って何だろう？」と自問した。そのとき、露店の弁当屋さんがたまたま彼女に気がついて声をかけた。「キリンビールさんは工場がやられちゃって大変だね。復活して、仙台のビールをまたお客さんに出せる日が来るのを楽しみに待っているからね」。その人は仙台の飲食店の店主で、店が半壊して使えないので外で弁当を販売していた。このとき、彼女はキリンビールを待っていてくれる人がいることに、ハッと気づいたというんです。

――大塚　非日常ならではのことですね。日常では気がつかないことです。

三宅　もう一つあります。仙台でのことですが、ろうそくの明かりで、細々と飲食を提供しているお店があった。お店に入ると、人々は食事をしながらキリンビールを飲んで、会話をして、くつろいでいる。彼女は、それを見て、「キリンは癒しのお役に立っているんだ」と確信したという。そして、われわれは人と人の〝絆づくり〟の場に携わっている人たちによって、生かされていることを知ったという。私自身そういう話を聞いて、思わず涙が出ました。

ですから、震災でものの考え方が変わったというよりも、お客様との絆づくりの大切さを改めて認識させられましたね。非常時に、ビジネスの本質に気づいた女性セールスも、いい経験をしたと思いました。

――大塚　「人と人の絆」といえば、キリンホールディングスは、11年7月から、今後3年間で約60億円を拠出する支援活動「復興応援キリン絆プロジェクト」を開始しました。

三宅　仙台工場は、関東以北の生産を賄うキリンの基幹工場でもあります。工場の設立は1923年、関東大震災のときですから、創業88年になります。それほど長く、地域に生かしてもらっているわけです。そこで東北の被災地の皆様へ、貢献しようということで、われわれは、「復興応援キリン絆プロジェクト」という支援活動を開始したわけです。お客様にお買い上げいただいた売り上げの中から、ビール1缶や水1本だと1円、ワイン1瓶だと10円を、寄付させていただく。「絆を育む」をテーマに、食文化・食産業の復興支援のほか、被災した農業高校や農学科の高校生へ奨学金を給付したり、被災地の子供たちのサッカー教室を開催したりする。

このように、事業を通じて地域社会の絆や家族の絆を深めていくことをお手伝いしたいと考えています。

仙台工場で11月上旬に出る最初の商品が、岩手県のとれたてのホップを使った「一番搾り」なんです。そういう意味で、東北の復興の象徴的商品となります。

MBA取得者だけでは回らない

――**大塚** 3・11を契機に、各産業界に協調機運が高まっています。たとえば、自動車産業は節電で「輪番制」を敷き、百貨店は贈答品を共通化し、コンビニは物流を共有化するといった具合です。

三宅 震災後、われわれが取り組んだ清涼飲料のペットボトル・キャップの共通化などは、まさに協調できるところは協調するということの典型例です。震災前まで、キャップの色やデザインが各社バラバラでした。そこに震災が起き、キャップメーカーが被災して供給が十分にできなくなりました。キャップメーカーの「白色に統一すれば生産効率は10％向上する」という報告を受け、全国清涼飲料工業会は白無地キャップに各社統一することを決めたのです。

パッケージのデザイン、ボトルの色などは、ブランド力につながる差別化の源泉だから、競争する。しかし、キャップも商品の一部として差別化に貢献してはいるが、パッケージのデザイン、ボトルの色などに比べれば貢献度は小さい。むしろ、各メーカーが自社の都合で余計な手間やコストをかけると、結果的にお客様の負担に繋がるというのが、震災でのわれわれの教訓です。これからは、メーカー同士という横の連携だけでなく、縦の部分である生産、流通、小売りの各階層も連携すれば、いろいろ新しい協調ができると思います。

――大塚　**共生と言えば、キリンビールは以前から北海道でサッポロビールと一部共同配送を行っています。また11年8月から首都圏でアサヒビールとも一部共同配送を行っています。**

三宅　われわれは、環境負荷軽減の共同配送を推進しているんです。各社ごとに配送量にばらつきがあり、荷物が少ないのに大きなトラックを走らせて二酸化炭素を余分に排出したり、配送拠点に無駄な固定費を払うことはせず、共同配送すれば効率化できます。配送の効率化は、環境にやさしく、資源の節約にもなります。

――大塚　各産業界に協調や共生の機運が高まっているのは、少子化で縮小している日本国内のマーケットに起因する。日本での成長は難しいのでしょうか。

三宅　日本のパイを増やすのは容易ではないけれども、国内の売り上げ増も諦めていない。各事業で伸ばすための総需要拡大型商品を必死に考えています。今までの酒類や、飲料に属さない商品を開発し、育てていきたいと思います。

ただ、成長戦略となると海外を重視していきます。特に、成長著しいアジア市場にはどんどん積極的に参入して、事業を拡大していきたいと思います。手段は、M&Aとアライアンスですね。

――大塚　2015年までに売上高3兆円、海外売上比率を30%という目標を掲げています。

三宅　海外の清涼飲料事業に力を入れたいと考えています。キリンの強みはあえて言わせていただければ、嗜好性の高い日本のマーケットで培ってきた安心安全で、高品質なモノづくり、お客様にご満足いただけるおいしいモノづくりですね。さらに言うと、お客様との関係をつくる力です。この商品開発力と、〝人と人の絆づくり〟をする力が、われわれの強みだと思っています。
われわれがグローバル化していくには、この強みが海外で応用、展開されるようにならなければなりません。

――大塚　バドワイザー、ハイネケン、カールスバーグなど、世界のビール会社の中で、ビールと清涼飲料の両方を持っている企業はありません。日本のビール会社の最大のエキスパティ（特殊性）だと思います。その点、キリンは世界でもレアなビジネスモデルですね。

三宅　おっしゃるとおりです。アルコール0・00％の「キリンフリー」のような商品は、ビール事業と清涼飲料事業の両方を持っていないと実現できない。発酵させないで、ビールと同じ味を作る。清涼飲料で培った調合技術などが必要になります。
ですからこのレアなビジネスモデルを海外での強みに変えていかなければいけないと思います。それが今の最大の課題といえます。

――大塚　ミラー、ハイネケン、コカ・コーラなど世界の飲料メーカーは自社ブランド商品を武器に、グローバル展開しています。それに対してキリングループはオーストラリアのライオンやフィリピンのサンミゲルなど

地元企業を通じて行っている。

なぜ、「一番搾り」を世界に拡販しようとしないのですか。

三宅　キリンをグローバルブランドに育てる。そしてどこの国でも一番搾りがプレミアムビールとして飲まれている。それは夢として当然あります。

けれども、われわれの国際化の水準はまだその段階に至っていません。夢を実現させるには、お酒にしろ、飲料にしろ、もっと地域の食文化や気候などを研究する必要があります。酒類・飲料は、まず地域の文化に受け入れられることから始まりますからね。

――大塚　逆に、キリンが地域の文化を変えていくというのもあるでしょう。コカ・コーラやマクドナルドは地域の文化を変えてしまいました。

三宅　キリンの国際化では、総合飲料に限れば、いきなりキリン・ブランドを現地にぶら下げていって売ることはありません。現地の人に支持されているブランドを持つ有力なパートナーと組み、そのブランド価値を一緒に上げていく。やり方は、日本の厳しいお客様の選考基準の下で鍛えられた知見とか、ノウハウを駆使して、現地の新しいブランドを開発し、育てていくというもの。

まずはそういうプロセスを踏んだうえで、キリンのブランドを上乗せしていくということです。キリンのブランドは、プレミアムブランドとしてパートナーのネットワークに提供します。製品は日本からの輸入もあるし、現地でのライセンス生産もあるでしょう。グローバル展開は、そういう順番でやっていきます。

――大塚　地域性の強いグループ企業を通じて、徐々に〝キリン〟を売っていく戦略なのですね。

三宅　そうです。オーストラリアとか、ニュージーランドでは、キリンのビールがスーパーマーケット、レストラン、バーで売られています。あるとき、私がオークランド（ニュージーランド）のビアバーでライオンの「スタインラガー」を立ち飲みしていると、お客さんに、「おまえ、日本人なのになんでこんなうまいビール飲まないんだ」と言われた。その人は、「ICHIBAN」（一番搾り）を飲んでいたんです。

オーストラリアでは、シドニー、ブリスベンなど、どこの街でも、「一番搾り」が飲める。ライオンの販売チャネルを通じて展開しているからです。ロンドンでも、ライセンス生産している「ウェルズ・アンド・ヤング」という会社が系列のビアパブで、「ICHIBAN」を売ってくれています。パートナーと組んで一緒に売るというやり方は、私は正解だと思います。

――大塚　キリン・ブランドは徐々に広がっている。

三宅　オーストラリアでは、「ＩＣＨＩＢＡＮ」のブランド価値が高まっています。東南アジアとか中国ではキリン・ブランドはまだごく一部しか出していません。今後、サンミゲル、フレイザー・アンド・ニーヴ、インターフードというグループ企業がキリンのブランド価値を高める拠点となります。

――大塚　パートナー企業と良好な関係を続ける秘訣はなんでしょう。

三宅　キリン流を押し付けないことですね。われわれの出資比率は、ライオンが１００％、サンミゲルが48％です。両社とも、われわれと組む前から、組織能力は非常に高かった。酒類事業の営業利益率は、ライオンが二十数％、サンミゲルが約30％です。むしろわれわれが彼らから学ばなければいけないと思ったほどです。

われわれは、彼らのガバナンスやマネジメント能力を尊重し、よく話し合いながら到達目標を設定しています。

幸い、彼らと企業文化もよく似ています。たとえばライオンの社内に出しているスローガンの中に、「make our world more sociable」という言葉がある。直訳すると、われわれの世の中をもっと「sociable」、社交的にしていきましょうとなりますが、この「sociable」を意訳すると、人と人の付き合いのことを表している。これは、われわれのスローガン「人と人の絆づくり」とまったく同じなんです。

今、キリングループには「ＫＩＲＩＮ　ＷＡＹ」という、お客様本位、品質本位、先駆、誠実の4点を大事にする価値観がある。ライオン、サンミゲルも同じような価値観がある。

――大塚　中国では11年8月、大手食品メーカー「華潤創業」と清涼飲料の合弁会社「華潤麒麟飲料有限公司」（華潤60％、キリンＨＤ40％出資）を設立しました。中国市場への本格参入は、国内の同業他社に比べ、多少遅れた感があります。

三宅　中国は、私どもの清涼飲料を最初に海外に展開した国なのです。「午後の紅茶」という無菌充塡でつくったプレミアムカテゴリーの商品が上海で大ヒットし、２つ目の工場をつくるほど順調な立ち上がりだったんです。ところが、低価格の類似品が出てきて、現在伸び悩んでいます。

ビールでは長江デルタなど3ヵ所で展開しています。当初はそこでプレミアムカテゴリーの商品を発売し、比較的いいスタートが切れたのですが、低価格品に押されて、市場が広がらない。中国では、市場が成長するにつれて地場の企業がどんどん強くなる。

中国ではいつまでも自前主義にこだわっていると競争に勝てない。そこで清涼飲料事業では、パートナーと組む戦略に切り替えたのです。小売り・食品・清涼飲料事業を展開する華潤創業と組めば、われわれが独自でつくるものよりも、もっと現地のニーズに合致した商品を、現地のコスト構造のもと、つくることができます。また、われわれの商品を華潤の販売ネットワークを通じて展開できるメリットもある。

一方、華潤創業のメリットはキリンから清涼飲料の商品開発、リサーチ・マーケティングなどの面で協力が得られるということです。華潤創業がキリンをパートナーとして選んでくれたのは、日本のマーケットの知見を高く評価してくれたからだと思います。それに、日本の清涼飲料は、脱炭酸、脱甘味が主流です。中国もこれからは無糖とか、茶系飲料とか、機能性飲料の時代が来ると思います。そうなるとわれわれの知見が必ず役立ちます。

――大塚　ビール、清涼飲料、食品、医薬品……。アジアの市場にはどういう業種の企業をM&Aして、参入を図るお考えですか。

三宅　やはり総合飲料グループ戦略が実現できる相手ですね。酒類、飲料が中心になります。医薬は協和発酵キリン社の成長戦略の中で考えていきます。

――大塚　地域としては、やはり、世界の経済成長のエンジン役であるアジアが優先になりますか。

三宅　優先順位で言えば、まずは東南アジアの清涼飲料。これはシンガポールのフレイザー・アンド・ニーヴというパートナーと組んで、ベトナム、タイ、このあたりにどういう参入戦略を立てていくかが、最優先事項になりますね。

もちろん、将来は付加価値の高い商品が売れる可能性のある他の市場でも展開したいと思っています。ただ、先ほども言いましたが、ものごとには順番があります。われわれはまず、国際的な競争力を強めるためにもアジア、オセアニアで独自のビジネスモデルを確立したいと思っています。

――大塚　グローバル化を推進すれば、国際感覚を身に付けた人材が必要になります。どうやって育成しますか。

三宅　海外展開するにはキリンホールディングス自体が国際化しないといけない。本社の部門長や中間管理職にグローバルな発想ができる人が必要となります。日本人がグローバルになるだけでなく、外国の人に来てもらう。また、女性とか、障害者の方を含めた多様性を受け入れられるような文化もつくっていかなければならないと思います。

われわれは女性の活用に比較的早くから取り組んでいて、女性の管理職は増えてはいますが、まだ女性の役員は誕生していません。

――大塚　三宅さんは、かつてオランダのビール大手のハイネケンとキリンの合弁会社、

ハイネケン・ジャパン（現ハイネケン・キリン）の副社長として出向された経験があります。そこで外国人社長と一緒に経営の舵取りをすることで英語力と国際感覚を鍛えることができたとおっしゃっていた。これからはＭＢＡ（経営学修士）取得者などが重要になります。

三宅　パートナーとなる企業の中には、ＭＢＡ取得者だけでは回らない企業も出てきます。先ほども言いましたが、ライオンやサンミゲルは、出来上がった会社で、むしろわれわれが見習うべきところがあるほどの強い組織能力とガバナンスがあります。そういう会社は、経営・財務がわかる人間を数名派遣すれば、会社は回ります。

しかし、これからは、新興国の企業がパートナーとなるケースが増えると思います。現実に、われわれのパートナーとなるベトナムの会社などは、組織力や技術力をさらに向上させる必要があるので、ＭＢＡ取得の有無というよりも、バリューチェーンの、マーケティング、生産、営業、物流の各分野のプロフェッショナルを派遣して、現地で協働することで、経営を向上させることが大切です。

――大塚　新興国になればなるほど事業を創造すべく専門性の高い国際人が要るわけですね。

三宅　そうです。特に、成長市場で、われわれがパートナーとして組んでいこうという会社にはプロが必要で、さらに語学力が必要になります。今度ベトナムに行った連中なんかすごいですよ。みんな、バリューチェーンのプロですが、現地では日本語なまりの英語と、インド、フィリピン、中国、中東なまりの英語が飛び交っている（笑）。

――大塚　海外派遣の際は、社内で希望者を募るのでしょうか。「ベトナムに行きたい人、手を挙げて」と。

三宅　それもあります。また、留学制度によって海外・国内で留学した人。それと、「グローバル・マネジメント・プログラム（ＧＭＰ）」という研修を受けている人も、海外赴任の機会が与えられます。

このＧＭＰというのは、英語で経営学やマーケティング、財務などを学ぶコースです。本人の希望もありますが、会社側からの選抜者とで組み合わせて構成しています。卒業生は60人。みんな、忙しい中、研修を受けてよくやってくれたと思います。11年の春の異動で、卒業生の中から、十数人を一気に、ベトナム、シンガポールなど、海外に派遣しました。

――大塚　ところで、最近、若い人に元気がないといわれます。どうすれば若い人のモチベーションは高まるとお考えですか。

三宅　私は、若い人は本来能力もバイタリティもあると思います。もし、若い人に元気がなけれ

ば、上の人の責任ですよ。

若い人に活躍できる場を与えて責任を持たせると、絶対にやります。大事なのは、上司がサポートしてあげることです。

上司は、若い人に任せて、フォローする度量がないといけない。「失敗したらこいつのせいだ」ではなく、失敗しそうになったら、出て行って助けてあげる。場合によっては、尻拭いする覚悟が要ります。

――大塚　若い人を活かせるかどうかは上の人次第というわけですね。

では、上司のあるべき姿というのは何でしょう。

三宅　ダメな上司ほど、部下のせいにしたがる。任されるほうは、上がサポートしてくれると確信していないと本当に困ったときの報告も遅れる。そこが大事なところなのです。

上は責任と権限を、下に押し付けるのではなく、下に与える。下には与えられた権限に対してコミットメントすることで責任感を持ってもらう。

東南アジアの地域統括会社、キリンホールディングス・シンガポールの藤川宏社長は、40代です。私が、彼を組織の長に抜擢したのは、東南アジアで核になるパートナー、フレイザー・アンド・ニーヴ社のキーパーソンの信頼を得ているからです。提携交渉のときから、細かいことは彼がほとんどやっていました。交渉の大どころの話は、私や担当の役員がしましたが、詳細はフットワークのいい彼に任せたわけです。それも、任せたから彼は伸びた。営業も同様で、担当地域を決めて、「この地域の責任者は君だよ」と任せないと、伸びない。

――大塚　三宅さんは、キリンビールの社長になられる前から現場主義を実践しておられた。本社の考えを現場に伝えると同時に、現場の情報を経営に反映させる。さらに本社が現場に責任を与え、リスクは本社が取るという環境をつくる。それが目的なんですね。

三宅　そうです。現場に任せれば、現場で問題や課題が出ます。その課題が迅速に経営に伝わって、経営がそれを活かすという組織風土がないとダメです。

ですから、キリンビールにしても、キリンビバレッジにしても、トップが現場に出ていって現場と対話をする。対話をすると現場との距離が縮まる。すると、課題や問題を、トップと現場、現場を支えている中間リーダーが共有できる。

現場は問題点や課題をどんどん上に上げる。けれども、上は、「何でいちいち言ってくるんだ」と言ってはいけません。自由に言える風土が大事なのです。だから私は、「自信を持って文句を言って」と言っているんです。ある意味では、文句が一番多い人は一番仕事をしている人でもあるわけですからね。

——大塚　三宅さんは中間管理職時代から、社員のモチベーションはどのようにして高めてこられたのですか。

三宅　まず、目指す姿を示し、それを共有することです。ゴールがちゃんと共有されていれば、上下、縦横のコミュニケーションがよくなり、モチベーションは高まります。

それと、意識を共有することです。われわれはお客様に買っていただいてはじめて成り立つ商売なんです。お客様に商品を買ってもらって生かされているという意識があると、コンビニで、たとえば「午後の紅茶」を買っている人を見たら、思わず頭が下がります。

ゴールの共有と意識の共有。その2つを担当者、リーダー、部門長と全員が共有すると、モチベーションは自然と上がります。モチベーションが上がると、自由闊達に話すようになるので、コミュニケーションが良くなり、組織は活性化するということです。

Chapter-11

鈴木弘治

高島屋社長

経費削減ではなく、経営資源の組み替えに未来がある。

●すずき・こうじ
1945年神奈川県出身。慶應義塾大学経済学部卒業後、'68年高島屋に入社。家具、スポーツ用品等の売り場担当、組合委員長、年経営企画室長、百貨店事業本部長等を経て、2003年現職に。

公の場所としての百貨店の使命を果たす

「電力の問題は、国民生活にとっても、産業経済にとっても、基本中の基本の問題。国の根幹に関わる大重要問題です。やはり電力は安定的に供給されなければなりません。そのことがまず、大前提になります。

原発というのは、今まで安全だといわれていましたけれども、3・11による福島第一原発の事故で、決して安全ではないことがわかりました。ひとたび事故が起こると、取り返しがつかない大惨事になります。放射能汚染問題は、何十年もの長期間に亘って、人間社会だけでなく、自然や生物に深刻な影響を及ぼし続けます。それに、原発事故そのものを収束させるにも、大変な労力とコスト、長い年月がかかる。

私は、原発はやめるべきだと思います。ただ、今すぐすべての原発を廃止し、太陽光、風力などの自然エネルギーに切り替えるわけにはいかない。やはり段階的に減らしていくのがいいと思います。減少分は当面、液化天然ガス、石油など化石燃料で補完する。CO_2削減問題がありますので、その間、国家の政策として自然エネルギーによる電力供給比率を徐々に高めていく。つまり、これからは自然エネルギーと化石燃料をミックスさせて、電力を安定的に供給する体制をとる。

原発は、長い将来にかけて、限りなくゼロに近づけていくことが望ましいと思います」

インタビューの途中で、「福島第一原発事故による電力供給不足問題が恒常化しつつあります」と水を向けると、髙島屋社長の鈴木弘治は、こう語った。

髙島屋は関東に、日本橋・新宿・玉川・立川（東京都）、横浜・港南台（神奈川県）、大宮（埼玉県）、柏（千葉県）、高崎（群馬県）の9店舗ある。3・11による被害は、ごく一部の商品の損傷と建物床のつなぎ目が少しずれた程度で、軽微だった。特別損失は3億円程度と見込む。

震災前に増収増益を見込んでいた2012年2月期決算は、震災の影響で3月の百貨店の売上高が急減したため、4月上旬の決算では減収減益で発表した。しかし、4月以降は想定以上に回復したため、10月上旬に減収増益へと変更した。因みに、髙島屋の11年2月期連結決算では、営業収益（売上高）は前年同期比0・9％減の8694億7600万円、営業利益は同35・3％増の181億7300万円、純利益は同79・6％増の138億4900万円。12年2月期は、営業収益0・9％減の8614億円、営業利益は10％増の200億円、純利益は20・6％減の110億円を見込む。

髙島屋は、連結売上高1兆円規模の〝4メガ百貨店〟の中で唯一、自主独立路線を貫いている。因みに、4メガとは、そごうと西武百貨店が統合した「そごう・西武」、伊勢丹と三越が統合した「三越伊勢丹ホールディングス」、大丸と松坂屋ホールディングスが統合した「J．フロント リテイリング」、それに髙島屋を加えた4つの企業グループである。

髙島屋も、2010年、それまで行っていた阪急・阪神百貨店を核とするエイチ・ツー・オーリテイリングとの経営統合交渉を白紙にしたという経緯がある。髙島屋は自主独立路線を堅持するのか——。今後の髙島屋の動きが注目されている。

鈴木は、07年の新宿店のリニューアルをきっかけに、09年を中心とする横浜店のリニューアル、10年大阪店の新本館計画など、巨艦店の店舗力の増強を図る一方、取引先の絞り込み、構造改革、グループ各社の経営改革、セゾンカードとの提携、CS（顧客満足）の推進など、矢継ぎ早に経営改革を断行する。

そんな髙島屋を率いる鈴木に、3・11と今後の経営ビジョンを聞いた。

——大塚　鈴木さんにとって3・11とは何だったとお考えですか。

鈴木　2つあります。まず、3・11は、これまでの災害対策マニュアルでは想定しなかった出来事が次々と起こり、対策マニュアルを新たに作る必要があることがわかったということです。

ショックだったのは、携帯電話が繋がらなかったことですね。メールは割合、送受信できたのですが、携帯電話がまったく役に立ちませんでした。社員の安否確認を取ろうとしても、なかなか連絡が取れない。そのために、東北地方に仕入れに出張していた数人の社員の安否確認に手間取りました。最終的に安否確認が取れたのは、地震発生5〜6時間後のことでした。災害時における個々人への通信手段を構築することが急務となりました。

3・11は想定外のことばかりでした。火災や地震の防災訓練は十分やってきたつもりですが、すべての交通機関が止まったときのことまで想定していませんでした。今回は、災害対策本部委員長である私が、帰宅できなかったお客様に対して適切な対応をするよう指示を出したのですが、これからはどう対応するか。マニュアルを作る必要があります。

もう一つは、百貨店はお客様が多く集まる〝公の場所〟であることを改めて認識したことですね。それだけに、しっかりした対応を行わなくてはいけないと思いました。

――大塚　3・11の地震発生時、鈴木さんは日本橋店におられたのですか。

鈴木　はい、日本橋店に隣接する執務室にいました。

最初の揺れが収まった後、すぐに売り場の様子を確認しに行きました。

日本橋店は、横揺れしないよう耐震工事を施していますので、下から突き上げるような縦揺れの余震が何回かありましたが、全体的に物が落ちるといったことはありませんでした。しかし、余震で揺れるたびに、お客様は動揺して声を上げておられた。

私は、売り場から執務室に戻り、テレビの報道番組を見ました。すると、東北の太平洋沿岸の町が大津波に襲われる映像を繰り返し流しています。これは大変だと思い、日本橋髙島屋の事務所内に、私を委員長とする緊急対策本部を設けたのです。本部の委員は、約20名です。

やがて、首都圏のすべての交通機関が不通になったことを報道で知りました。日本橋店をはじめとする関東の各髙島屋のお店には、帰宅できない大勢のお客様が残っておられるという情報が入りました。お客様をどうするか。対策本部で話し合いました。

災害対策本部は2時間ごとに関東各店とテレビ会議を行い、協議しました。問題はお客様への対応でした。帰宅困難なお客様をどうするか。また、お店で働いているお取引先様の方々や、従業員はどうするのか。

帰宅できないお客様には、交通機関が動くまで店内に留まっていただく。もし、終電まで電車が動かないのであれば、お店の中で一晩明かしていただこう――。われわれは交通機関の運行情報を収集し、対策を立てました。つまり、希望されるお客様は、電車が動き出すまで、店内に滞留してくださいと申し上げたのです。

午後11時ごろ、一部の地下鉄が運行開始したという情報が入ったので、地下鉄の駅へ様子を見に行きました。しかし、待てど暮らせど電車は来ない。地下鉄はほとんど動いていなかったと思います。地下鉄の駅で電車を待っていたお客様の中には、再びお店に戻られた方もいました。

震災当日の午後7時30分に確認した際、お店に滞留されたお客様の数は、日本橋で約1000人、横浜で約500人、大宮では約300人など、関東9店舗合計で数千人いらっしゃいました。いずれのお店も、お客様は1階、2階の低層階に集まっていただき、毛布や飲料水、それに乾パンなど非常食をお出ししました。

そうした私どもの対応ぶりに、お客様は喜んでくださった。後日、お客様から感謝の言葉をずいぶんいただきました。

——大塚　では、震災翌日、関東の店はすべて開店したのですか。

鈴木　一部の公共交通機関に乱れがあり、柏店は多くの従業員が出社できませんでした。柏店は運営態勢が整わず、臨時休業しました。店で夜を明かした従業員だけでは、とてもじゃないけれども開店は無理ですからね。

——大塚　従業員によるお客様の避難誘導はいかがでしたか。

鈴木　従業員の人たちは、一生懸命にやってくれました。お取引先様の方々にご協力いただき、その人たちと一緒に、売り場の中で寝泊まりしながら、交通情報の収集やお客様への対応に当たってくれました。お取引様の方々との連係プレーは、非常にうまくいったと思っています。

——大塚　3・11による被害は軽微だったそうですが、被害総額はどれくらいになりましたか。

鈴木　損害規模は東北の被災地と比べれば軽微です。柏店と横浜店が、床のつなぎ目が少しだけズレたという程度でした。

12年2月期は、震災前は増収増益を見込んでいましたが、震災の影響で減収減益に変更して発表しました。臨時休業や店舗の営業時間を短縮した影響で、3月の百貨店の売上高は急減しましたが、4月以降は前年並みの水準に回復したため、10月上旬には減収増益へ変更しました。

建物や商品の被害で、特別損失は2～3億円程度と見込んでいます。経営への影響はきわめて小さい。

われわれがもっとも困惑したのは、3月中に頻繁に実施された計画停電でした。立川、港南台と大宮、柏、高崎の店が停電に引っかかりました。停電は、東電から前日に通告されることになっていたのですが、必ずしもそのとおりになっていませんでした。計画停電の準備をしていたら、停電はなく、備えが空振りに終わったこともあります。

百貨店は、停電になると運営できなくなるのです。売り場の照明からエレベーター、エスカレーター、それに生鮮食品用冷蔵庫、冷凍ケースなどが、使えなくなる。自家発電設備があるではないかといわれますが、自家発電は非常灯に使う程度の電力しか供給できませんからね。

――大塚　鈴木さんがおっしゃっているように（冒頭参照）、エネルギー政策は「脱原発」の方向でいくとしても、３・11を機に日本の電力不足問題は恒常化していくでしょう。そうなると当面、ＬＮＧ（液化天然ガス）や自然エネルギーなど代替エネルギーで補完することになります。

鈴木　今、われわれがやらなきゃいけないことは、太陽光パネルを設備して自家発電を行うことではなく、消費電力量を抑制することです。

その点、今百貨店は、照明に使う電力量を3・11以前と比べ半分くらいに減らしているのです。百貨店全体の消費電力量の40％は、照明ですので、その効果は大きいですね。

具体的な手法として、照明をハロゲン灯からLEDに替えたのです。明るさは変わらないのに、消費電力量がうんと少なくなります。そのうえ、LEDはハロゲンと比較して発熱量が少ない。そのため空調に使う電力量にも影響してきます。

髙島屋は政府の15％節電要請に対して、20％の節電目標を立ててやっていますが、すでに25～

30％の節電を達成しているのです。

――大塚　百貨店にとっても、3・11は08年秋のリーマン・ショックに続く大きなショックだったと思います。もともと少子高齢化で需要が落ち込んでいる中で、リーマン・ショック、震災と、2回も大ショックが続いた。打撃は大きかったと思います。

鈴木　3・11の打撃は、そんなに大きくありません。われわれが受けた影響は、現時点（11年10月）では3・11よりもリーマン・ショックのほうが大きかった。先ほど言ったとおり、百貨店の売上高は、3月は対前年同月比約17％減となりましたが、4月は回復しました。今夏は昨年並みに戻っています。

同じ小売りでも、コンビニエンスストアとか食品スーパーなどは、復興需要が追い風になって、むしろ売り上げを伸ばしているほどです。ですから、小売業全体では、被災地を除けば、それほど大きな損害を受けていないと思います。

効率一辺倒で、やってはいけない

――大塚　ところで、鈴木さんは、10年3月、阪急・阪神百貨店を核とする

エイチ・ツー・オー リテイリングとの経営統合交渉を断念しました。その最大の理由は何だったのですか。

鈴木 どんな百貨店を創っていくかという、方向性では、どこの百貨店も大きな違いはない。しかし、経営統合するとなると、合併比率や役員の体制、本社機能をどこにするかなど、条件を整備しなければなりません。その条件整備の段階で、両社の食い違いが出てきたのです。両社には経営戦略上の違いが想定以上にあることがわかりました。その違いを乗り越えなければ経営統合は実現できません。

経営統合は多大なエネルギーを費やします。むしろ、リーマン・ショックによるデフレ不況や消費構造の変化に対応していくためには経営構造改革そのものをそれぞれで優先すべきであると考え、経営統合を白紙に戻すことにしたのです。

ただ、エイチ・ツー・オー リテイリングとは今後も業務提携を継続します。具体的には、お中元、お歳暮の品目を800点以上共通化し、共同配送を行っています。阪急・阪神さんが強い商品を、われわれが取り込み、その逆もあります。

たとえば、私どもが海外で仕入れているパリの高級食料品店「フォション」とかミラノの高級食料品店「ペック」というブランドは阪急さん、阪神さんのお中元カタログにも載っています。

これなどは、阪急・阪神さんのお中元の品揃えの特徴化に繋がっていると思います。
業務提携によって得られるメリットは、品揃えの充実や調達コストの低減など、いろいろあります。

——大塚　大手百貨店グループは、髙島屋、三越・伊勢丹、大丸・松坂屋、そごう・西武、エイチ・ツー・オー リテイリングと5つに再編されました。今後も合従連衡はあるのでしょうか。

鈴木　経営統合はエネルギーを費やします。それでいて統合効果が表れるには時間がかかる。百貨店の場合、規模が大きくなれば効率や生産性がどんどん上がるというわけではありません。
さらなる再編は、個人消費の需要と供給の関係がどうなるか、その動向によると思います。マーケットが縮小すれば、店舗の縮小とか、淘汰が起こるでしょう。百貨店同士だけでなく、専門店などでも競争がより激しくなるでしょう。

——大塚　3・11後の成長戦略についてお伺いします。

今後、収益を拡大する方法は3つあると思います。
1つ目は、自前主義で、徹底的な合理化によって収益を上げる。
2つ目は、他社の百貨店や専門店などと面と面で業務提携する。

3つ目は、同業他社のM&Aを行う。髙島屋は、1と2をやっていますが、今後はいかがでしょうか。

鈴木　クオリティを高めていきます。クオリティの低い百貨店に成長する余地はありません。では、クオリティとは何か。1．品揃えがしっかりできていること。2．お客様が満足する接客サービスができていること。3．安全で快適な施設であることです。ご高齢者に優しい施設であることが大切な要素になります。

しかし、それだけでは成長戦略は描けません。かといって、百貨店が単独で、店舗を大きくするとか、店舗数を増やしていく時代でもない。百貨店だけが店を大きくしたり、増やしたりしても、お客様が買い物を楽しくできる場所でなければ、またお客様がお店やその地域に魅力を感じなければ、お客様は来店されません。

周辺の、他の小売業態とどう連携して、いかに楽しい街づくりをしていくかという、街づくりという発想がとても重要だと思います。私は、ショッピングセンターというのも一つの人工的な街だと捉えています。

ですから、百貨店が成長するには、まず百貨店そのものを進化させて、お客様に質の高いサービス、質の高い商品を提供し、お客様の満足度を高める。それから、百貨店の周辺をお客様がハラハラドキドキ感動するような、楽しい街にすることです。つまり、お客様が感動や楽しみを求めて集まってくるような街づくりをするということが大切です。

——大塚　もはや、百貨店同士の競争ではなくなったということですね。では、髙島屋がその一角に入っているSC（ショッピングセンター）で、最も成功しているところはどこですか。

鈴木　髙島屋の不動産開発子会社、東神開発が開発を行った東京・二子玉川の玉川髙島屋S・Cですね。

二子玉川は、まず交通環境が非常に良い。車なら国道246号線からも環状8号線からも来られるし、電車なら東急線で渋谷、横浜のいずれからでも乗り入れることができる。それから周辺の住宅環境が良いですね。近辺には田園調布、成城といった富裕層が住む高級住宅街がありす。さらに、多摩川や豊かな緑があり、自然環境が素晴らしいですね。

また、玉川髙島屋S・Cは、一つのSCだけで完結しているわけではないのです。周辺にはガーデニング、家具などのいろいろなロードサイドのお店が並んでいます。さらに、第2、第3の小さなSCみたいなものもできています。それから、駅裏には柳小路というゾーンを作って、夜には焼鳥屋で一杯飲めるという昔懐かしの飲み屋街も演出しています。

11年3月、その場所に「二子玉川ライズ」という東急の商業施設がオープンしましたけれども、そこの開発プロジェクトも「東神開発」が参画しているのです。

おかげさまで、玉川髙島屋S・Cは業績が良く、11年2月期の営業利益は対前年同期比で2％増加しています。

これからは、海外で東神開発の開発ノウハウを生かしたいと思っています。

――大塚　鈴木さんはかつて、「営業利益の3割はSCで、2割は海外事業だ」とおっしゃっています。それほど、SCと海外事業は収益力が高いのですね。

鈴木　それは百貨店の利益率が落ちたからなのです。そのために相対的に、SCと海外による利益比重が高まった。

百貨店は、リーマン・ショックで、売上高が10％減などと相当落ちました。あんなに落ち込んだのは戦後初めてのことです。

われわれは、経費削減を行っていますが、なかなか利益が出にくい構造になっています。そのために、全社的に構造改革を行い、経費と売り上げの両面で改革を図っているのですが、なかなか戻りませんね。

――大塚　さて、髙島屋の海外店といえば、シンガポール髙島屋があります。

シンガポール髙島屋も東神開発が絡んでいますね。

鈴木　シンガポール髙島屋は収益性が高く、営業利益では、オール髙島屋の中で横浜に次ぐ店に育っています。

成功要因は、まずシンガポールのお客様の生活水準が高く、そういうお客様のニーズをしっかり捕まえているからだと思います。次に、立地が優れていて、買い物が楽しくできる場所にあることです。また、規模がシンガポールの百貨店の中では最大規模であるために、存在感があるのでしょう。それから、クオリティも高い。

現在、われわれは上海への出店計画を推進していますが、髙島屋の百貨店と東神開発、それにシンガポール髙島屋のノウハウをうまく組み合わせて、展開したいと考えています。

――大塚　上海店は、シンガポールに続く海外店となりますね。オープンはいつですか。

鈴木　12年8月末を予定しています。総投資額は、約40億円です。出資比率は、シンガポール髙島屋が50％、髙島屋と東神開発が各25％ずつとなります。延べ床面積は4万平方メートルです。

店舗は、日本の髙島屋らしさというものを出したいと思います。そして、上海の地元の人たちに、楽しく買い物をしていただけるような店にしたい。これはシンガポールのノウハウを参考にします。

今考えているのは、ベトナムのホーチミン市への出店です。ここは小さくて、延べ床面積が1万平方メートルぐらいの規模の店を考えています。

あとは、SCの形で進出しようと構想しています。商業施設は、東神開発が運営に関与していく。もちろん、東神開発はデベロッパーですから、投資リターンを考えるでしょう。ホーチミンへの進出は、まだ決定したわけではありませんが、2～3年後になるでしょう。

――**大塚　鈴木さんは、5年で海外に340億円を投資する計画を打ち出しています。**

鈴木　これからは海外で稼げるようにならなければ成長できないでしょう。全営業利益に占めるシンガポールと台湾に店を持つ海外事業の営業利益を、12年8月末に出店する上海店を加えて、現在の2割程度から5年後には3割に拡大していきたい。スーパーやコンビニエンスストアは、急速に海外進出を行っていますが、百貨店は初期投資がかかり、店舗網の見直しも容易ではありません。他の小売業態に比べ出店ペースは落ちますが、慎重に立地を見極めて積極的に事業を進めていきたいと思います。

――**大塚　ところで、髙島屋らしさとは何でしょう。髙島屋というのは、品揃えの面では、他の百貨店にはないような富裕層を対象にした貴重な伝統工芸品とか、高級舶来品を置くことがエキスパティ（特殊性）になっているのではないでしょうか。**

鈴木　髙島屋らしさというのは、そのときの時代性によって変わってきます。消費者が持つ共通のイメージは、他の百貨店に比べて、商品が上質であるとか、美術や呉服に力を入れているということだろうと思います。

――大塚　私の知人で、日本橋店で購入したロンドン製の高級ステッキを愛用している方がいます。そのステッキは髙島屋でしか売っていない品物だそうです。その人が言っていました。「髙島屋が経営効率を求める普通の百貨店になったら、何本も売れないこの英国ブランドのステッキを置かなくなるだろう」と。

鈴木　品揃えで、販売効率だけを求めると、高級品や旬の商材は消えていってしまう。家具などでも、効率の高いものを求めると、品揃えの幅が極端に狭まってしまう。そうすると、髙島屋「らしさ」というものが、失われていきます。

だから私は、1年に1~2本しか売れないような商品でも、髙島屋の企業文化やお買い物の楽しさにとって必要だと思われる商品は店に置かなければいけないと言うのです。英国製の高級ステッキというのは、まさに典型例ですね。

――大塚　鈴木さんは、一貫して構造改革の必要性を唱えておられる。無駄なコストは徹底して省けと。一方、品揃えは……。

鈴木　必ずしも効率一辺倒でやってはいけないと言っています。髙島屋のエキスパティを失う可能性があり、それでは大きな商売の糧を失うことになりかねませんからね。一方、オペレーションは徹底的に無駄を省く必要がある。まだまだローコストオペレーションを追求できる余地があると言い続けているのです。

ですから、無駄に見えることも残していくことと、本当に無駄で排除すべきものとの見極めはとても重要になります。

構造改革というと、すぐに経費節減と受け取られますが、本来は、リ・ストラクチャーで、経営資源の組み替えという意味なのです。経費のカットではなく、経営資源の組み替えなのです。経営資源を組み替えた上で、きちんと利益を出す構造を作っていこうということです。これはしかし、終わりのない至上命題でもあるのです。

――**大塚**　**これまで、東京の新宿店・立川店と岡山店（岡山県）で構造改革に取り組んでいました。改革のポイントは何でしょう。**

鈴木　この3店は、リーマン・ショック後の急速な売り上げの落ち込みで、赤字を強いられていました。そこで、営業力を落とさずに経費を大幅に圧縮するチャレンジをやっています。新宿店と立川店は、組織を思い切って簡素化する一方、品揃えを強化するためのバイヤーの数を増やしました。岡山店は、岡山県に地盤を置き、運輸交通を中心に地元で大きな影響力を持つ両備ホールディングスと資本提携をし、地域性を徹底的に捉えた経営をしています。

――大塚　ところで、3・11後、巣籠もり消費であるとか、あるいはネットで商品を買う人が増える傾向にあるといわれています。かつて髙島屋は、通信販売のパイオニアとして、日本の通信販売をリードしてきた時代がありましたが、ネット販売戦略についてはいかがお考えですか。

鈴木　ネット販売は、百貨店の競争相手でもありますが、われわれはネット販売を取り込まなくてはいけないと思っています。落ち込む店頭販売をネット販売で補完していきたい。それにはネット事業を強化していかなくてはなりません。ネットの品揃えをいかに拡充し、いかにネットマーケットを拡大していくか。われわれに課せられた課題です。

近い将来には、高齢者ももっとネット販売を利用するようになるでしょう。たとえば化粧品。お客様は、新商品や初めて使う化粧品はお店でお買い求めになりますが、使っている化粧品やご存じの化粧品はネットでお買いになるケースが増えると思います。大手化粧品メーカーさんも、化粧品のネット販売を開始するなど、売り方が大きく変化しつつあります。

――大塚　鈴木さんは髙島屋をどのような百貨店にしていきたいとお考えですか。

鈴木　今、日本には大手百貨店グループが、三越・伊勢丹、J．フロント、そごう・西武、エイチ・ツー・オー リテイリング、髙島屋と5つあります。各社とも戦略の特徴を出していますが、それは非常に良いことだと思います。

三越・伊勢丹は、高級化路線で独自性を出していこうとされている。一方、J．フロントは、百貨店の業態にこだわらず、もっと消費者に支持される業態へ進化させるべきではないかという路線を歩んでおられる。

三越・伊勢丹型とJ．フロント型。日本の百貨店はどうもこの2つの路線に分かれているような気がしますね。

髙島屋は両方やります。立川店は百貨店業

態から、少し専門店業態を融合させ、新しい業態へと変えています。

――大塚　立川店では、11年2月から百貨店の中に大塚家具、4月からはユニクロが入っています。立川店を見る限り、百貨店の業態から脱却しています。ユニクロと、大塚家具を入れた理由は何ですか。

鈴木　ユニクロは、非常に集客力があります。老若男女、いろいろなお客様がユニクロに来られる。われわれが最初にユニクロと組んでやったのは、堺のお店です。それから新宿も、一緒にやっています。ショッピングセンターである新宿の「タイムズスクエア」の中に、髙島屋とユニクロはテナントとして入っています。立川店では、百貨店の中にユニクロと大塚家具が入りました。百貨店としては、効率の良くなかった上の階に専門業態を入れて、建物全体としての魅力度を高めたわけです。

立川店には、隣に伊勢丹がありますので、伊勢丹と同じことばかりやっていては全体として魅力がない。そこで、ユニクロさんに入っていただいたわけです。

ユニクロは、価格と品質のバランスがいい。それから消費者の気持ちを摑んでいると思います。それから、立地によってお店の品揃えを変えています。現時点では非常に魅力ある品揃えをしています。

――大塚　３・11は、日本の産業に共生と協調のコンセプトを植えつけたといわれます。自動車産業界は、節電対策として「輪番制」で歩調を合わせました。また、大手コンビニエンスストアなども、地元のコンビニエンスストアと物流を共有し始めています。この傾向は、各産業界で随所に見られます。

鈴木　私は、日本百貨店協会の会長をやっていますが、共生と協調の概念は広がっていってほしいと思います。競争は競争で、お互い切磋琢磨してやりましょう。けれども、共に協調できるところは、協調しましょうと。人材育成などは、共通制度を作ってやっているのです。たとえば、百貨店協会では、業界共通の人材育成に取り組んでいます。フィッティングアドバイザーやギフトアドバイザーなどの販売資格制度や、百貨店食品安全衛生パスポートなどの携帯用教育ツールを作成し、接客販売のプロフェッショナル育成に努めているのです。

Chapter - 12

日本生産にこだわりつつ、リスクをとって海外市場を開く。

志賀俊之

日産自動車最高執行責任者

●しが・としゆき
1953年和歌山県出身。大阪府立大学経済学部を卒業後、'76年日産自動車入社。アジア大洋州営業部ジャカルタ事務所長、企画室長を歴任。'99年カルロス・ゴーンの下、企画室長兼アライアンス推進室長として日産リバイバルプラン実行に力を振るった。2000年常務執行役員、'05年現職に。

“根無し草”になってはいけない

「3・11で、日本の製造業は災害により強くなったと思います。

サプライチェーンが寸断され、自動車の生産に影響し始めた当初、自動車産業の中には、部品の調達先を国内一本槍から国内外のダブルソース（二本立て）を模索する動きがありました。しかし、ダブルソースでは、被災地は元気がなくなる。まず被災地の部品工場を復旧させ、災害に強いサプライチェーンの仕組みをつくることが先決だと思いました。

在庫を持たずに、生産を行うリーン・マネジメント体制は、日本のモノづくりの強みなのです。サプライヤーさんに対しても、過度に在庫負担や資金繰り負担を強いずに回していける。それが3・11を経験して、より強くなったのです。リーン体制に、あらゆるリスクを想定したBCP（事業継続計画）やリスク・マネジメントを加味することにしたからです。

一例を挙げると、サプライヤーさんに1週間分だけ、ある部品の在庫を持ってもらう。その間に、他の生産工場でも同じ部品をつくれるようにしてもらう。サプライヤーさんが生産の移転を3日でできるなら、在庫は3日分だけで、1日でできるなら在庫は1日分だけで済みます。同じことを、2次、3次のメーカーさんにもお願いしています。何かあったときに、調達先を移転できる体制を取っておく。日本の生産方式は災害に弱いと言われていましたが、これでより災害に強いサプライチェーンになると思っています」

「日本のサプライチェーンは災害に弱いと指摘されましたが」と水を向けると、日産自動車COO（最高執行責任者）の志賀俊之はこう語った。

リーマン・ショック以降、厳しい自動車産業を取り巻く環境の中、日産自動車はグローバル展開で攻勢を強めている。それが2011年3月期の連結決算の数字に表れている。因みに、売上高は対前年同期比16・7％増の約8兆7731億円、営業利益は同72・5％増の5375億円、純利益は同653・1％増の3192億円。

また、10年度（11年3月期）の販売台数は、09年度（10年3月期）の351万5000台から19・1％増の418万5000台に拡大している。このうち、北米は対前年度比16・6％増の124万5000台、中国は同35・5％増の102万4000台、欧州は同19・3％増の60万7000台、日本は同4・7％減の60万台。とりわけ注目すべきは、進出8年目で100万台を突破した中国における飛躍的な成長である。

同社社長兼CEO（最高経営責任者）のカルロス・ゴーンは、11年6月、「日産パワー88《エイティ エイト》」なる6ヵ年計画を打ち上げた。16年度までに、グローバルな市場占有率を10年度の

5・8％から8％に伸ばすと同時に、売上高営業利益率を10年度の6・1％から8％に改善するという計画だ。

ところで、3・11で、同社は、「フーガ」や「フェアレディZ」など高級セダンやスポーツカーを生産する栃木工場（栃木県上三川町）とエンジンを生産するいわき工場が被災した。栃木工場は、組み立てラインが半壊し、鋳造設備もずれて傾くなど大きな被害を受けた。一方、いわき工場も、天井パネルや排気口が落下し、床が陥没、設備が倒壊するなど甚大な被害を受けた。いわき工場には、栃木工場や九州工場（福岡県苅田町）などから200人ぐらいの支援部隊が入り、復旧工事を行った。

復旧したのは、栃木工場が3月下旬、いわき工場は5月17日である。

志賀は、05年4月、COOに就任し、日産の日常のオペレーションの責任者として、ルノーと日産の両社の社長を兼務するゴーンをサポートしている。ゴーンとは、99年7月、同社企画室長兼アライアンス推進室長に就任してから今日までの12年間、一緒に仕事をしてきた。また、2010年5月には、社団法人日本自動車工業会会長に就任し、3・11への対応としては、節電協力のため、自動車業界の木金への休日振り替え体制の実施をリードした。

――大塚　志賀さんは、震災発生11日後の3月22日、栃木工場といわき工場を見て回りました。いかがでしたか。

志賀　現場の人たちの力を感じました。栃木工場では1週間の停電の中でも復旧作業を進めてくれていて嬉しかったです。私が工場に入ると、停電が終わっているにもかかわらず、鋳造ラインで鋳物を流し込んでいるんです。わざわざCOOの私に見せようと、来るタイミングに合わせて溶けた鋳物を流している。それもフーフー言いながらではなく、ごく自然に、やっている。「心配しないでください、志賀さん」というメッセージなんでしょうね。

――大塚　いわき市は福島第一原発から57キロの距離にあるということで、風評被害が街全体に広がっていたそうです。住民の多くが屋内退避、県外避難していた状況だったと聞きました。

志賀　私は、車で宇都宮から北関東自動車道を通って、日立から上がって行って、いわき市に入りました。すると、ガソリンスタンドに長蛇の車列以外、人がいない。皆さん、放射能汚染を避けるために屋内退避していた。私は、早く日産の工場を動かさないと、いわきの街は動かないと感じました。

私は、災害対策本部のある社宅の集会所に行って、復旧工事の協議をしました。すると、ある人が、「みんな、屋内退避をしている。日産だけが復旧工事を始めると言っても、家族に説明できない」と発言した。そこで私は、翌日、いわき市に復旧工事を応援してもらおうと、渡辺敬夫市長と会いました。渡辺市長は、「屋内退避は解除しているが、みんな、動こうとしない。日産が復旧すれば市も復旧する」と喜ばれた。私はいわき市に工場のある知り合いの経営者たちに「復旧を一緒にやりましょう」と声をかけ、賛同してもらいました。

従業員に復旧工事を手伝ってくれと言うと、「早く工場を動かしたい」と。県外に避難していた従業員までもが、「喜んで戻ります」と協力してくれました。

そうして4月18日の復旧を目指して工事を始めた。ところが、11日と12日に震度6弱の余震が発生して、また、振り出しに戻り、復旧は5月末予定となってしまいました。その報告をみたときは、私は悔しくて、ちょっと胸が詰まりました。

――大塚　余震で再び壊れたんですね。現場のモチベーションは低下したことでしょう。

志賀　いいえ、逆です。現場はこのまま走りたいという感じでした。ですから、私は日程を変えないでくれと言いました。

戦略的にも、いわき工場のエンジンがなければ、せっかく復旧させた栃木工場で、「インフィニティ」など世界中に輸出している高級車がつくれない。高級車はどんどん在庫がなくなってきている。なんとしてでも間に合わせなければならない。そこで、完成予定日を最初の5月末から5月17日に前倒しして、復旧させたんです。そのときはカルロス・ゴーンにいわき工場へ行ってもらいました。テレビのCMにもなったあの「ベリー・ストロング・ゲンバ」というシーンは、そのときのものです。

今回の震災で、日本企業の強さの源泉は現場にあると再認識しました。

――**大塚**　**現場の団結力。**

志賀　われわれの工場だけでなく、サプライヤーさんの工場を含めて、いったん復興の目標が設定されたら、現場の一人ひとりが自分たちは何をするのが大事なのかを考えて、作業に取り組む。上からの指示に従って動くのではなく、自ら自発的に動く。いわきには栃木などから200人ぐらい応援に駆けつけていましたが、みんな、自分たちはどういう貢献ができるかを考えて、動いていました。

――**大塚**　**リーマン・ショック、震災、原発事故、円高と、日本の自動車産業は、四重苦、五重苦に見舞われています。**

志賀　円高対策としては、海外からの部品の調達を増やしたり、海外生産用の部品は現地部品を使うようにしたり、あるいは厳しい経費節減をやったりして、いろいろな対策を講じています。

正直に言って、経済合理性だけで判断したら、日本でモノはつくれません。ある自動車メーカーの経営者が、「われわれは理屈に合わないことをしている」と言われましたが、私もそのとおりだと思います。

しかし、われわれは経済合理性だけで判断していてはいけない。日本の自動車メーカーは、日本の厳しいお客様に鍛えられ、日本のサプライヤーさんの高い技術力、あるいは真摯な姿勢など、そういったものに支えられて日本でのモノづくりを強化してきた。そして、日本で培った実力を海外でも発揮し、それによって海外市場でも伸びてきたのです。

したがって、日産自動車としては、今後も、日本では100万台の生産を維持したいと考えています。10年度の世界生産台数は418万台ですから4分の1。700万台になると7分の1。100万台を日本に残せば、毎年新入社員を雇うことができるし、人材を育成することもできる。また、サプライヤーさんも日本に残ってもらえるし、一緒にいろいろなものを研究開発することもできる。

それを、一つひとつの商品コストと経営効率を比較して、日本での生産よりも海外生産のほうが得策だということで、海外へ全部出て行ったら、われわれの存在意義がなくなるばかりか、グローバル市場での競争力の源泉も失われていく。

――大塚　日本では100万台体制を維持する。そのためにはやはり合理性を追求しなければなりません。海外での現地調達率を今以上に引き上げるとか、部品も海外から調達するといった具合です。

志賀　日本に残ることだけを考えて、全車種の工場を日本に残してしまうと会社は倒れる。また工場を全部日本から海外へ出したら、これまた〝根無し草〟となり、経営が立ち行かなくなる。したがって、日本に残すべきものと、海外にシフトすべきものを選別しなければならない。たとえば、この部品は将来の日本を支える技術革新の芽となるだろうから日本に残しておく。これは汎用品なので、海外で調達するといった具合です。

――大塚　なぜ、そんなに日本にこだわるのですか。日産はすでにルノーと一緒にグローバルな展開を行っています。ルノー・日産グループにとって日本は、世界のワンオブゼムに過ぎないでしょう。

志賀　日産は日本企業です。日本で育てられているんです。日産の今回出した電気自動車の新しいバッテリーとかモーターは、日本のいろいろなサプライヤーさんや部品メーカーさんに支えられてできているんです。

カルロス・ゴーンも、日本企業の強さは、現場の力であり、すりあわせをしながらつくっていく力であると認識しています。そういう強さを生かしながらグローバル化を展開していかないと、本当の強さを失ってしまいます。われわれの挑戦は、この大震災、超円高のあと、日本の強みをさらに強くしていくことです。繰り返しになりますが、余震でラインがもう一回壊れたものを徹夜してでも、完成時期を当初の予定に合わせるという、あの現場の力はどこの国にもない。そこにこそ、日本企業の強さの源泉があるのです。

——大塚　とすると、競争力を維持するには、部品でも輸入に切り替えられるものは順次切り替えていくということですか。

志賀　そうです。今、われわれが輸入部品に切り替えようとしているのは、九州工場で生産しているアメリカ向けの「ローグ」「ムラーノ」「エクストレイル」など、円高で採算性が厳しい高級車の部品です。タイ、中国、韓国など、新興国でつくられている部品を使えば少しでもコスト低下に繋がる。

「ティアナ」を例に挙げます。ティアナは日本と中国で生産し、それぞれの国で売っています。

日本での販売台数は、月1000台程度ですが、中国では月1万2000〜1万3000台も売れています。部品は、日本でも中国でもつくっています。サプライヤーさんも同じというケースが多い。同じサプライヤーさんが日本と中国で別々に納めている場合、中国でつくっている部品を日本に回してくださいとお願いしているんです。そうするとコストも安くなるし、ドル安のメリットも生かせます。

私が超円高になって心配しているのは、日本での自動車生産が根こそぎなくなってしまうのではないかということです。われわれは理性を持って日本で生産していますが、他の会社はこの先も超円高が進めば、理性を失いかねません。

被災地域の東北にはサプライヤーさんが約500社あります。車は今や、地方でつくられ、主として地方のお客様に乗っていただいている。車の産業は地方の経済にものすごく依存しているのです。ですから、われわれは、ある車種の生産を根こそぎ海外に移すことは考えていません。必ず残します。部品の4割を輸入に切り替えても、6割は日本から調達しますから……。

スピード・イコール・リスク

——大塚　日産の事業展開を見ていますと、日本企業にはないスピード感があります。

たとえば、日本の自動車産業界全体がリーマン・ショックから立ち直ろうと必死に経費削減など社内向けの改革をやっているさなかの、10年春にはすでに、反転攻勢に打って出て、中国、インドなどで積極的な投資を行っています。その結果、10年度、日産は418万台と過去最高の販売台数を記録しています。

志賀　08年のリーマン・ショックでは、日産もご多分にもれず、生産を半分に減らさざるを得ない状況に追い込まれました。

しかし、日産は90年代に大きな危機を乗り越えているのです。莫大な有利子負債を抱える危機を、ゴーンがやって来て「日産リバイバルプラン」で乗り越えたのです。その過程で、一人ひとりの従業員、サプライヤーさんに、大変ご苦労をいただいて、V字回復といわれるような回復を達成しました。その経験から、90年代のように長い時間をかけて回復するのではなく、早く元の状態に戻りたいという意識がありました。危機の怖さも、危機が長引くときの人心、モチベーションの低下も経験して知っていましたので、クイックリカバリーさせたいという気持ちが強かったのです。リバイバルプランのときのような集中力が、今回の震災時でも発揮されて、比較的早くもとの状態に戻れたと思います。過去の苦い経験が生きました。

――大塚　ゴーンさんのやり方は、リスクをとって思い切って投資を行うというもの。

中国での圧倒的な強さなどは、リスクをとって決断するゴーンさんならではの経営の成果だと思います。ゴーンさんは、日本にはない経営文化をもたらした。

志賀　そうだと思います。中国でうまくいっているのは、パートナーとの信頼関係が維持できているからです。「ウィン・ウィン」で、お互いに刺激があって、お互いに成長していける、そういうパートナーシップをつくっていこうと最初から話しあってきました。中国では最初の事業計画で、「2の3乗プラン」をつくりました。売り上げを2倍に、利益を2倍に、中国と日本の2つのもつ強みをお互いに学びあいましょうというものです。お互いに学びあうことを事業の計画の柱にしました。日本人と中国人がそれぞれ持つ強みを、お互い謙虚に学びあう。

――大塚　**パートナーと共通の目標プランをつくり、それに向かって一緒に突き進む。まさにゴーン流だと思います。**

志賀　われわれはローカリゼーション、つまり、現地化に力を入れてきたということです。部品、コンポーネント、エンジンの製造だけでなく、人材もマネジメントも、現地化していっています。

たとえば、中国には2つ工場がありますが、工場長はいずれも中国人です。日本企業の生産部門というのはだいたい日本人が工場長になるケースが多いのですが、日産と東風汽車グループの合弁会社、「東風汽車有限公司」の工場は、中国人が工場長なんです。

われわれは現地の人をどんどん採用して、その人たちの能力を活用することにしています。今7万人ほどの従業員がいますが、要所で経営に携わっている人は、圧倒的に中国人が多いのです。そうすると自然に、現地の人の規格やニーズに基づいた商品をつくる企業風土やシステムが生まれてきます。まだ完璧じゃないですけど……。

――大塚　生産、販売の現地化は進んでいますが、開発体制の現地化となると、どうでしょう。他の日本企業は、まだ開発の現地化にまで至っていません。

志賀　開発は日本に集中しています。

今後は現地のニーズを吸い上げ、現地の人たちの欲しがる車をつくっていかなければなりません。地域によっては開発拠点は必要になると思います。

ただ、われわれは何もかも、グローバル化を進めるつもりはありません。日本が誇る革新技術の開発までをも現地化していこうという考えはありません。そうなると、日本の役割を見失って、根なし草のグローバル企業になってしまわないかと心配です。ですから私は、日本の役割とグローバル化を両方一緒に進化させなければならないと考えています。

――大塚　日本の本社の役割は、グローバル企業としての求心力となるべく経営理念、

ビジョンを決めて、長期戦略を立案することになりますか。

志賀　おっしゃるとおりです。グローバルに共通するビジョン、戦略、日産ウェイといったものを日本で決める。そして、少数の日本の人たちが現地に入って、現地の人たちを教育して、日本と同様のレベルに引き上げて、そこからまた次の世代を教育する人材を育てる。そういうことの繰り返しだと思います。

――大塚　中国での展開などをみていると、日産はパートナーとの付き合い方が実にうまいと思います。それはルノーというフランスの会社の伝統からくるものなのか、あるいはゴーンさんの卓越した経営能力からくるものなのか。

志賀　ルノーとアライアンスを結んで以来、われわれ日本人が国籍の違うパートナーと一緒に仕事をするのが上手になったことは事実です。海外のパートナーと仕事をするときは、意見が合わないところが多々出てきますが、われわれは、我慢強くなり、聞く耳を持つようになりました。パートナーと上手に一緒にやっていけるようになったのは、ルノーとの12年間のアライアンスで、相手を尊敬することの大切さを学んだからだと思います。

――大塚　今後、グローバル化は進展し、異なる国の企業の買収や

M&Aを行うケースが増えるでしょう。そうすると、いかに相手のパートナーとうまくやっていくかがキーポイントになります。

ゴーン流は、日本企業のいいお手本になる。

志賀　大事なのは、現地の人たちのモチベーションをいかに高めるかだと思います。それには現地の優秀な人に仕事を任せる。そうすると、現地の従業員は、この会社にいれば、自分たちも勉強ができ、成長し、日本人が就いていた重要なポストにも就けるようになる。それがモチベーションや責任ある行動に繋がると確信しています。

——**大塚**　かつてゴーンさんは私に会うたびに、「ルノーと日産のシナジー効果を発揮したい」と強調していました。そこで私はゴーンさんに日本企業の強さ、フランス企業の強さを訊いたことがある。するとゴーンさんは、「フランスの企業は、コンセプトをつくるのは卓越しているが、動きは鈍い。一方、日本企業はコンセプトをつくるのは時間がかかるが、いったんつくるとすぐに実行する」と答えました。

志賀　そういうところもあります。ルノーという会社は、日本の企業とまったく異なるカルチャーを持っていますので、われわれが勉強するところはたくさんあります。たとえば、今言われたプランニングのところなどは、日本人は決めたことを実行することに対しては力を入れますが、プランをつくり上げるのは遅い。

――大塚　日本人は農耕民族だからというわけでもないのでしょうが、みんなで一緒にやっていく集団力は強い。

志賀　よく言われるのは、日本人は図面を書くと図面どおり正確につくるが、フランスの人たちは、どんな図面を書くかについて延々と議論をしている。

文化の違いを上手に使っていくことが大事。車でも、ルノーの車の面白さ、日産の車の面白さ、両社の車の面白さを学び合うことが大切だと思います。たとえば、日産の「エクストレイル」などは、足回りに欧州の味が入っていますし、また欧州の強い技術であるディーゼルエンジン車も出ています。

――大塚　ゴーンさんは、16年度に世界シェア8％、営業利益率8％を目標とする「日産パワー88」を打ち上げられた。旗印を掲げてそこに向かうという経営手法は、日産自動車の社長に就任して以来一貫しています。こういう経営もかつての日本にはみられませんでした。

志賀　そうですね。戦略的に、リスクをとって勝負をかけていくやり方は、日本の経営者はやりません。

半導体などでも、なぜ日本は、韓国や台湾の後塵を拝しているかと言うと、規模やコストで負けてしまっているからです。半導体の工場一つとってみても、日本の500億円に対して韓国は桁違いの3000億円ぐらい投資します。日本は技術を持っているのに、ビジネスになると決断できないのです。

――**大塚　なぜですか。**

志賀　サラリーマン経営だからではないんでしょうか。どうしても、リスクをとることに対して慎重になって、小さく産んで大きく育てようとします。ところが、新興国は、日本が小さく産んでいる間に、猛スピードで市場を獲得してしまう。インド市場での韓国・現代《ヒュンダイ》なんかみているど、そう思います。インドにはトヨタさんのほうが早く工場進出しているのに、現代は一気に年産20万台の大規模工場をつくってしまいました。

「小さく産んで大きく育てる」というやり方が、従来の日本の勝ち方でしたが、それが通じなくなってきています。われわれ日本企業自身がリスクを負って、勝負をかけていかないと、グローバルな競争に勝てません。

――**大塚　日本企業の文化は、人を育て、技術を育て、事業を育てる、**

いわば「育てる文化」です。一方、欧米の企業文化は、資本効率重視型の「選択する文化」だと思います。人は即戦力となる人をスカウトすればいい、技術や事業は買えばいいという文化。これからは、日本企業はスピードが必要となれば、選択する文化を加味しなければなりません。

志賀　今、まさにスピードの戦いになっています。スピード・イコール・リスクで、ある程度リスクを覚悟した上での戦いになってきている。リスクをどれだけ少なくするか。そこは日本の企業の強いところです。ですから、スピード化と低リスク化、その両方を戦略的に組み合わせてやっていくことがきわめて重要になります。

たとえば、日産で言えば、電気自動車がいい例です。予定どおり、10年12月に販売できたというのは、日本の強さです。しっかり予定どおりつくりあげた。しかし、前段の「日産は電気自動車に打って出る」という戦略はカルロス・ゴーンによって立案されたもの。まさにスピード決断でした。

——大塚　**これもリスクが伴う戦略です。**

志賀　電気自動車のような戦略的な商品は、ゴーンが決めます。戦略性の高いものは、投資額も大きいし、ビジネスとしてのリスクも当然ありますから。

——大塚　三菱自動車と軽自動車の合弁会社設立も、ゴーン流です。日産は三菱の軽自動車をOEMで買っていましたが、これも「選択する文化」です。

志賀　日産自動車が持つリソースで、すべてカバーできないところは、パートナーと力を合わせることでやれるようになります。われわれは軽を生産したことも、開発したこともありませんから。軽は三菱さんの工場でつくり、日産の軽として出していきます。日産がゼロからつくるとなると、エンジン開発も含めて全部やらなくてはいけないけど、それはできない。かと言って、いつまでもOEM（相手先ブランド）を続けることは、お客様の立場を考えると難しい。

——大塚　ところで、志賀さんは、ゴーンさんとは何年一緒に仕事をしていますか。

志賀　私はCOOになって、7年目になります。役員になったのは2000年。その前の企画室の時代からルノーとの交渉メンバーに入り、アライアンスの仕事をやっていましたから、ゴーンとの付き合いは12年以上になります。今ではお互い、阿吽《あうん》の呼吸でやっています。

——大塚　いつも、どういう対話を交わされているのでしょうか。

志賀　ゴーンは、私のことをミスター・シガと呼びます。ゴーンとは、ほとんど阿吽になってしまっている。ゴーンと私のワン・オン・ワンの会議は、月に1回ありますが、15分ぐらいです。

日常的に、電話をかけたり、メールでのやりとりはしません。

震災のときは、「Big Earthquake OK」というメールはしましたが、それ以降メールをしたことがありません。ゴーンは、こういう状況ならば志賀が何をするかというのがわかっているのでしょう。私もいちいち、これをやっていいか悪いかとゴーンに聞きません。聞かなくてもゴーンはOKと言うだろうし、気に食わなくても黙っているだろうと、そういう感じですね。

――大塚　日産は、日本の、新しいグローバル企業の成功モデルになっています。今後、どういう会社にしたいとお考えですか。

志賀　まず、日本企業であり続けたいということ。それに、多様な文化を持つ人材が集まって、日本企業としての良さを維持しながら、グローバルに活躍する、そんな会社ですね。

カルロス・ゴーンというリーダーのもとで、多様な人材が一つのビジョンとか理念のもとで、グローバルに仕事をしていける会社です。

――大塚　そのためには若手が育たなくてはなりません。どんな人間を必要としていますか。

志賀　自分の考え方、意見を持つ人ですね。そうでないと、多様化すればするほど、全体の中で沈んでしまいます。

相手の考え方を理解する能力、自分の考え方をしっかり主張する能力も必要です。そういう能力を持つ若い人たちが増えてくると、もともと倫理性とか真摯な労働姿勢をみんな持っていますから、日本は元気になると思います。

小林一俊

コーセー社長

新たな市場を創る、切り開く。我々にはまだそれができる。

Chapter - 13

●こばやし・かずとし
1962年東京都出身。創業一族で２代目社長禮次郎の長男。慶應義塾大学法学部卒業後、'86年小林コーセー入社。'91年取締役、2007年現職に。「ジルスチュアート」「アディダス」と化粧品部門で提携するなど、辣腕をふるう。

化粧品は生活必需品

「今回の震災による被害は、当社の狭山工場（埼玉県狭山市）、群馬工場（群馬県伊勢崎市）ともに軽微でした。むしろ、輪番停電による生産への影響のほうが深刻でした。

停電が起こると、化粧品工場ではその前に仕込んでいた材料とか、たとえば複雑な加熱工程を最初からやり直ししなければなりません。いくら輪番制で予告されていても、いったん電気を止められると、ラインが止まる時間帯だけではなく、前後の準備工程や仕上がりの品質まで大きな影響を受けてしまう。たとえば、精密なメイクアップ製品を充填するときなどがそうです。通常、微調整に時間をかけてセットして、テストを繰り返した後で、本番に入りますが、本番前に停電になると、もう一度調整のところから始めなければならない。化粧品は、処方だけでなく工程そのものにもデリケートなエッセンスが詰まっているのです。工程次第で、肌触り、感触が変わってくるので妥協は許されないのです。

そういう点で工場は停電による影響を受けました。リスク分散の必要性が言われていますが、生産拠点は関東に集中させないで、西と東に分散したほうがいいかもしれません。今後の検討課題です」

コーセー社長の小林一俊は、3・11の影響についてこう語る。

コーセーは、小林孝三郎《こうざぶろう》が創業した化粧品会社。オーナー家が株式の過半数を所有する同族企業としてつとに知られる。2代目は、2011年8月に83歳で他界した孝三郎の二男禮次郎《れいじろう》、3代目は五男の保清（現会長）、4代目は禮次郎の長男の一俊である。

同社の2011年3月期連結決算では売上高は1710億7100万円、営業利益は138億3800万円、純利益は67億2600万円。

同社の特徴は、業界初の商品を数多く生み出したことだ。75年に開発した美容液「アルファード RCリキッドプレシャス」をはじめ、パウダーファンデーション「フィットオン」（76年）、水乾両用ファンデーション「2ウェイケーキ」（79年）、リポソーム剤型美容液「コスメデコルテ モイスチュア リポソーム」（92年）、薬用美容液「モイスチュア スキンリペア」（04年）などがある。

しかも、85年に発売した「雪肌精《せっきせい》」、92年に投入した「コスメデコルテ モイスチュア リポソーム」など、ロングセラーの商品も多い。ここ数年、服飾デザイナーブランドの「ジルスチュアート」など新しいブランドを展開する一方、「アディダス」や「ポール・スチュアート」ブランドで男性化粧品へも参入している。
海外事業では、87年に業界に先駆けて中国に進出し、現地生産を開始している。現在、中国では、高級ブランド市場で欧米のブランドと肩を並べるまでになっている。そのほか、香港、シンガポール、韓国、タイ、マレーシアなどに現地法人を設立し、各国で市場拡大を図るべく事業展開を行っている。

今回の震災で被災した、コーセーの商品を販売する化粧品専門店などの販売店は400店以上（岩手、宮城、福島、茨城の各県の合計）。これはエリア全体の4分の1強にあたる。このうち、津波で全壊・半壊した宮城県と岩手県の販売店は、約130店。福島第一原発事故による営業停止店は、約20店。11年10月現在、岩手、宮城の沿岸部、福島の原発周辺エリアの店舗を中心に約50店の店舗が営業再開のめどが立たず、約30店が廃業・閉店している。

小林は、07年6月に社長に就任した。社長に就任するや、構造改革に着手した。売り上げ少額店舗との契約内容を見直すなど、選択と集中で契約店を精鋭化する。全国に約2万4000店ある取引店を精査し、1万5000店に絞る。同時に、小林は、社員の意識改革にも取り組む。管理職の心構えを説く「マネジメントスタイル10則」を打ち出し、「失敗を怖れずに新しいことに挑戦する企業風土を取り戻そう」と社員に訴えている。さらに、社員のモラールを鼓舞し、モチベーションを高揚するために、社員ならだれもが応募できる「社内アイデアコンテスト」などを実施する。

そんな小林に、3・11と21世紀の生き残り戦略を訊ねた。

——大塚　小林さんは、3・11のときは何をされていましたか。

小林　ちょうど出張先でジャカルタからバンコクの空港に到着した直後に、携帯が鳴り、秘書から震災が発生したという報告がありました。ホテルに到着すると、大勢の宿泊客とともに、ロビーのテレビに釘付けになりました。CNNやBBCの英語放送を見ていたら、早い段階から原発事故に注目していたが、帰国して日本のテレビを見ると、被災地の風景ばかり繰り返し流している。世界と日本の視点の違い、危機意識の違いをまざまざと見る思いがしました。

——大塚　小林さんは3月30日と31日に、東北の被災地に入られた。秋田空港から盛岡に出て宮古まで車で行かれたそうですが、何か特別の想いでもあったのでしょうか。

小林　東北は歴史的に有力な専門店さまが多く、シェアが高い。創業者が、東北地方の方々にご縁があって、東北の人をたくさん採用してきたからかもしれません。

　太平洋沿岸の気仙沼、石巻、宮古などは、昔から漁業関係者の人たちで栄えていたようです。漁師さんたちは大漁となると一気にキャッシュを使う消費習慣だったようで、化粧品もたくさん売れたのでしょうね。そういう文化的な背景もあり、有力な専門店さまが多い。中には当社の元美容スタッフとか、元営業担当者が独立して経営しているお店もあります。

　町全体が津波で流された大槌町（岩手県）には、当社のＯＢがやっておられるお店がありました。数年前に鉄筋３階建てに改装したために、かろうじて助かったという。毎年のように会っていますから、どうしておられるか、心配で居ても立ってもいられませんでした。

――大塚　**社長自らがお見舞いに来てくれたので、お店の人たちは喜んだでしょう。**

小林　元ＯＢや美容スタッフたちは、「まさかと思いましたが、本当に来てくれたんですね」と声を詰まらせていました。そして、みんな、こう言う。「私たちはどんなことがあっても、商売を続けます」「私たち、家も店も流されたけど、サンプルさえあれば、避難所でサンプルを配って、肌のお手入れ活動をします」「社長、商品だけは切らさないでください。仮設店舗でも続けますから」と。私は感動しました。

そのとき、改めてモノづくりの責任の重さに気づかされたのです。商品を切らさないようサプライヤーの状況を把握しなければいけないと。そこで私は、サプライヤーの工場が集中しているいわき市（福島県）へ状況を確認しに行きました。いわき市には当社のサプライヤーだけでも20社近くが、容器などのプラスチック資材、ファンデーションの粉に使うパール剤などの工場を持っています。

――大塚　サプライヤーをお見舞いに行かれて、いかがでしたか。

小林　担当役員と手分けをして各工場を回って、「供給は途絶えさせないでください」と、お願いしました。おかげさまで4月中には、影響を極小化することができました。

――大塚　コーセーの被災地への支援物資は、メイクアップ化粧品が多かったようです。他社は、ドライシャンプー、クレンジング、ティッシュを送っていましたが……。

小林　われわれも当初、支援物資として、水を使わず身体を拭くことのできるボディシートなどをお届けしていたのですが、衣食住も揃わない段階にもかかわらず、「やっぱりお化粧がしたいし、肌のお手入れもしたい」という声を数多くいただきました。急いで、通常の化粧品もお送りさせていただきましたが、改めて「化粧品は生活必需品」だということを痛感しました。

私どもは、眉墨とか、メイクアップ化粧品、口紅などもお届けしました。女性は眉を気にされる。また、口紅一本あるだけでも気分が変わる。化粧品は、もはや嗜好品でもぜいたく品でもない、当たり前の存在になっています。非常時といえども、いわゆるクオリティ・オブ・ライフ、生活の質を重視する現代人の生活意識の変化というのを、私は肌で感じました。そして、化粧品が生活に果たす役割は確実に大きくなっていることを再認識しました。

――大塚　ところで、11年8月、小林さんのお父さんであり、相談役の禮次郎さんが他界されました。技術者出身の禮次郎さんは業界初のパイオニア商品を数多く創出する風土を醸成され、今日のコーセーの繁栄の礎を築かれた中興の祖でもあります。幹部たちの精神的支柱になっていたカリスマであっただけに、影響は大きいと思います。禮次郎さんはどんな方でしたか。

小林　父は、2代目といわれるのが嫌いで、言われるたびに「私は2代目じゃなく、1・5代目、いや1・3代目だ」とコメントしていました。創業者と一緒にやってきたという自負心があったのかもしれません。

父は、祖父が急に化粧品会社を始めるというので、終戦間近に早稲田大学の応用化学科に入り、創業時から手伝ってきました。父は、自分としてやりたいこともあったようですが、それを諦め、祖父の想いに応えて会社の成長に一身を捧げてきました。父は、自分は、理科系の大卒第

1号の人間であり、モノづくりの総責任者なんだという思いが強かった。

――大塚　禮次郎さんは、美容液という新しい分野をつくるだけでなく、水乾両用ファンデーションなど業界初の商品を次々と開発された。

小林　父は、商品開発という技術面だけでなく、商品のデザイン、ブランド名にも徹底的にこだわりました。香りはむろん、つけたときの使用感、肌残り、ファンデーションならつけ心地や仕上がりの美しさ、容器の手触りから商品名の響きに至るまで、五感をフルに使ってモノづくりに取り組んでいました。

――大塚　2000年代の半ばまで、エポックメーキング的な商品を出していました。

小林　当社は、数年に一度は業界で他社にないような商品を出すという土壌があります。今でも当社には、特に研究所のメンバーを中心に創業以来のモノづくりイズムみたいなものが脈々と流れています。ですから私は、長期的に何か面白いものを開発しようというモノづくりのマインドを発揮してくれるものと期待しています。

――大塚　日本の化粧品市場は、高級品と低価格品の二極化が進んでいます。それに伴い、売り方も従来のカウンセリング販売に加え、ネット販売もと多様化しています。これについてはいかがでしょう。

小林　二極化は進むと思います。ただ、私の持論は、化粧品は決して単なる消耗品じゃないということです。低価格帯の商品であっても、付加価値のある、使用感が高い、肌触り感のよい商品でなければなりません。使って満足度の高い、納得感を得られるような商品でなくてはいけない。あくまでも価格は価値とのバランスです。

当社の販売チャネルは、まだシェアの低いチャネルが多くあります。たとえばコンビニがそうです。なぜか。百貨店、専門店、GMS、ドラッグストアの4つが当社のメインチャネルであるという思い込みがあるのです。過去の成功体験からくる先入観は払拭し、新しい売り方、新しいチャネルも開拓していきたいと考えています。

――大塚　小林さんは社長に就任されて、選択と集中で化粧品専門店を2万4000店から1万5000店に削減された。

小林　選択と集中で、社内はグッと引き締まりました。社外からはそんなに減らして大丈夫かとずいぶん言われましたが……。

私が構造改革に着手したのは、社長になる1年ほど前から、業績が悪化していたからです。私は社内で、「これからは高リスク社会がやってくる。今までノーマルだったことがノーマルではなくなる。今のうちに、いかなるリスクや変化にも耐えうる筋肉質な企業体質に改善しようじゃないか」と訴えました。

管理や営業業務に無駄なところはないか、また商品開発から購買、製造に至るまでの各プロセスで無駄はないか。さらに、販売店へのサービスでも無駄な時間や労力を奪われていないか……。そこで私は、お取引先のお店の数を3分の2に減らす。営業は、当社の商品をたくさん売っていただいている有力店のお店に対してもっと丁寧に営業を行うべきだ。みんな、有力店に対して少額店と同じように広く浅くサポート活動をやっている間に、全体として販売シェアを他社に奪われているのではと指摘しました。

私どもは、①今まで以上に集中してサポートする大事なお店、②コールセンターだけで対応する少額店、③取引を中止するお店、に仕分けすることにしたのです。

――大塚　その結果、業績はいかがでしたか。

小林　業績は上がりました。

こんなエピソードがあります。コールセンターで対応する店となったある少額店の店主は、「もともと営業スタッフの来店頻度に満足していなかった。コールセンターになったおかげで、商品のことなどでもいつでも相談にのってくれる。むしろよかった、やる気が出てきた。サポートを受けられる店になるには、どれくらい売ればいいのか」と奮起し、業績を上げてくださったのです。

女性だけのプロジェクトで成果が上がる

――大塚　さて、今後の成長戦略をお伺いします。改革は今後も続けられますか。

小林　はい。ムダ、ムリ、ムラをなくすという経営改革は引き続きやっていきます。ただ、過去3年間、私がやってきた改革は、お店を減らす、商品のアイテム数を減らす、コストダウンを行うという、いわば〝守りの改革〟一辺倒でした。これだけを続けていると、会社は萎縮する。

今期からは、新しい事業の育成、新しいマーケットの創造など、事業改革に着手します。つまり、攻めの改革で、反転攻勢に打って出ます。

――大塚　コーセーは10年から積極的に新事業に参入しています。10年2月にはアディダスのブランドの男性化粧品、そして11年11月にはポール・スチュアートのブランドの男性化粧品、さらにセブン‐イレブン・ジャパンと共同開発した時短（時間短縮）を謳いエコにも配慮したスキンケア「潤肌粋」や「雪肌粋」を投入しています。

小林　男性化粧品市場は先行メーカーの牙城ですが、まだ新たな市場が創れると思っています。

アディダスは、改めて12年から日本の若い男性に人気のあるイメージキャラクターを起用します。販売チャネルは、コンビニとドラッグストア中心です。一方のポール・スチュアートは価格帯もアディダスよりも上なので、百貨店や専門店だけでなく、ブランドに相応しい新たな販路も考えています。潤肌粋は、化粧品だけでなく、ジンジャーコラーゲン入りのドリンクも出します。

――大塚　これからは、小林さんが05年に日本の化粧品市場に導入、09年には世界市場にも導入された「ジルスチュアート」ブランドのような新ブランドづくりなども、奨励するお考えですか。

小林　失敗を恐れずにやれと言っています。

――大塚　ジル・スチュアートとの交渉は、全部、小林さんがおやりになりました。

小林　ジルさん本人が私に、「化粧品を自分のブランドでつくりたい。つくってもらうならコーセーだ」と言ってきたのです。

当時、海外のデザイナーの間では、「コーセーは商品がいい。ブランドのことをよく理解している。オーナー会社なので話す相手が替わらない」とコーセーのことを噂にしてくださっていたのです。そのためにジルさん以外にもたくさんのデザイナーが商品をつくってくれと言ってきていました。
ジルさんは私のところに積極的にアプローチをしてきていました。私はずっと難色を示していた。ところが、当社の若手の女性陣が「やりたい」と言ってくる。やがて、当時マーケティング本部長の私に、「ぜひ、やらせてください」と直訴してきたのです。私も、会社の活性化のためにもよいことだと考え、女性だけのプロジェクトチームをつくりました。ジルスチュアートは、女性だけのプロジェクトが初めて手掛けたブランドです。

——大塚　ヘア・スタイリストのスティーブン・ノルはどういう経緯ですか。

小林　コーセーは、他社にない付加価値のあるブランドを探していました。スティーブンさんは、モデルなどのプロ相手のヘア・スタイリストというだけでなく、ニューヨークで美容師としての活動もやっていました。実は両方できる人はあまりいません。当時、カリスマ美容師ブームだったこともあり、スティーブンさんのブランドで、当社の付加価値の高いヘアケアシリーズを出したいと私が直接口説いたのです。ライセンスビジネスとしては、非常によい関係になっています。安定した成果を上げています。

——大塚　重要なのは、社員のモチベーションをどう高めるかです。これがないとモラールも上がらない。

小林　そうです。社員のモチベーションは高めなきゃいけません。私が頭を痛めているのは、「大企業病」に罹《かか》っていると思われるところが随所にあることです。マーケティング会議などでも、ここはこんな市場がありますからとか、通販市場がこれだけの規模になりましたからこれだけのシェアを取りますといった議論が目立つのです。市場というのは、あるから参入するというのでは、すでに遅い。市場が存在するということは、誰かによって創造されてしまっていることなんです。

私が口を酸っぱくして言うのは、市場というのは創造するものということです。こういうマーケットがありますなどと言うと、私は叱ります。どうも、新しいカテゴリーや、新しい商品分野に挑んでいこうという姿勢が弱くなっています。

ですから、私は2年前から「失敗は3回まで許す」とも言っています。何もしない人間よりも、失敗する人間のほうを評価するよと……。

——大塚　小林さんは、企業力の強化を唱えています。会社が常にチャレンジしないと企業力は強くならないと……。

小林　次のステージに行くためには、常にチャレンジしていかないといけない。当社は、過去、かなり画期的なことをやってきていました。しかし、最近は今までにない、新しい事業への取り組みが少ない。私が新しい事業をやろうと言っても、既存チャネルや既存ブランドの中でのリニューアルとか、商品開発を行うという発想にとどまってしまっています。

私は、新たなチャレンジをする企業風土に変えていきたいと思っています。そういう思いから今、当社は全社員参加のアイデアコンテストも行っています。こんな商品があればいい、こういうものをつくったら便利だというアイデアを募集して、審査に勝ち残った人には最後に社長プレゼンテーションの機会が与えられます。商品開発、企画の人たちも出席して、商品化できるかどうかを検討します。中には、これはいけるというアイデアもあります。

昔、当社には美容スタッフがアイデアを投稿する仕組みがありました。いいアイデアなら、全社員の前で賞賛され、賞金ももらえます。そのときの輝く顔を思い出して始めたのです。

――大塚　小林さんは、成長戦略の一つとして海外事業の拡大を挙げています。現在は全売上高に占める海外比率はどれくらいですか。

小林　海外売上比率は10％強ですが、これを早急に30％程度までには引き上げたいと考えています。すでに、中国、台湾、香港、韓国、シンガポール、タイ、マレーシア、アメリカなどで事業展開していますが、今後はロシア、ブラジル、インドなどでも市場開拓に乗り出したいと考えています。

――大塚　コーセーは日本の化粧品業界のなかで最初に中国に進出したメーカーです。中国の井戸を掘られたのは禮次郎さんです。コーセーの中国での成長は凄まじいものがあります。これからどういう展開を考えていますか。

小林　中国では、力を入れている販売チャネルが3つあります。1つは、上海に代表される沿海都市部の一流百貨店です。そこでは日本の大都市圏と遜色のない顧客層を対象に、世界の一流ブランドを相手に健闘しています。日本のスキンケア化粧品の評価は非常に高いこともあって、コスメデコルテやジルスチュアートの人気も出てきています。これからも、商品を拡充し、販売・サービス力を強化していきたい。

2つ目の販売チャネルは、化粧品専門店です。これまでは40～120元（邦貨換算500～1600円）の低価格品が中心だったのですが、内陸部も含めた中間所得者層の拡大による購買力向上を見込み、08年から平均価格500元（同6300円）という高級カウンセリングブランドを投入し始めました。取扱店も拡大し、売り上げも伸ばしています。中国でも日本と同様、お客様の満足度を高めるために、われわれは丁寧なカウンセリングを提供するように努めています。ただ取扱店は増やせばいいというわけにはいきません。きちんと売っていただけるお店を一店一店慎重に選びながら、展開しています。すでに500店近くまで拡大しました。
3つ目は、ネット販売です。中国では若年層のネットの普及が進んでいる。われわれも、最大手「タオバオ」に出店し、順調に売り上げを伸ばしています。
中国では、やはり毎年十数%の成長は達成したいと考えています。

――大塚　禮次郎さんが最初に中国に工場を設立したのは87年です。場所は杭州です。その後、2000年に、杭州下沙《サーシャ》に新工場を設け、さらに2005年にはコーセー独資の現地法人「春絲麗有限公司」（現高絲化粧品有限公司）を設立しています。禮次郎さんは中国にどのようにして食い込んでこられたのでしょうか。

小林　実は、前相談役は、工場を設立する87年以前から、杭州市の人たちと交流があり、杭州市に対して化粧品の製造技術を供与したりしていました。というのは、当社の主力工場がある狭山市と杭州市は姉妹都市協定を結んでいましたので、前相談役が両市交流の仲介役を行っていたのです。当時、杭州市は日本のモノづくりを学びたいと言ってきていたので、前相談役は中国の化粧品産業に貢献できるならと、はじめはそれほど高度な技術を要しないシャンプーとかクリームの製造法を教えたのです。
当時、前相談役は、中国の人をたくさん狭山工場に連れてきて、つくり方を教えてあげて、帰

していました。その恩義に報いようと杭州市は、生産の合弁会社にしても、販売会社にしても、いちはやく設立を認可してくれました。しかも、合弁会社の出資比率も、コーセーに株を買い増しさせてくれて、50％が、80％、90％、最後には100％独資の会社を実現させてくれました。これも、中国人のよく言う、井戸掘りをやってくれた人には報いる、ということからだと思います。

——大塚　中国ではその後、少し足踏みされた感があります。それはなぜですか。

小林　コーセーは、当時の中国のニーズに合わせて、安い価格帯から参入したのです。現地生産した低価格の基礎化粧品を、「ＫＯＳＥ」のクレジットでどんどん販売しました。このままでは中国でのコーセーは、品質は良いが安い商品というイメージが先行してしまう。そこでブランド・イメージをリセットするために、あえてクレジットから「ＫＯＳＥ」をいったん伏せ、漢字の「雪肌精」を中心にブランド構築をし直したのです。そして、日本からの高級品を再度投入し、「ＫＯＳＥ」を高級ブランドとして定着させ直したわけです。

――**大塚**　**中国では、美容部員の教育も行っています。**

小林　中国ではかなり早い段階から、日本から美容教育の責任者を何人も送り込み、カウンセリング方法や美容理論など、当社の美容システムを徹底して教え込んでいます。これは中国に限らず、台湾、香港、韓国、シンガポールなどアジア各国で力を入れてやっています。

――**大塚**　**小林さんはマネジメントスタイル10則というのを作成しています。**

たとえば、「聴け、褒めろ」。これはメンバーが成果を発揮できる環境を整えるためという。また、「自分の言葉で夢を語れ」。会社が目指す方向に自分の意志を加えメンバーに納得感ある言葉で語る。「先頭に立って挑戦せよ」。自ら積極的にチャレンジする。「英知を養え」。自ら常にアンテナを張り、あらゆる情報を集めて論理性と実効性を追求する。

また、そのための自己啓発に努め、メンバーを啓蒙する。「感動に敏感であれ」。メンバーやお客様に対して感動を与えられる人になるために、自らの感性を磨き続ける……。「つながりを生み出せ」とも、おっしゃっている。バトンタッチ方式ではなく、ラグビー方式で仕事をしなさいと。

小林　もともとモノづくりはバトンタッチ方式が普通だったのです。しかし商品開発→研究所→工場→営業と、バトンタッチするのではなく、みんなが同時に走りながら一体感をもってスピーディにボールを渡すラグビー方式で行けと言っている。それが、つながりになります。

また一方で私は、07年ごろから「絆」という言葉を使っています。コーセーと深い関係にある化粧品専門店の経営者の皆さんの会を、北海道から九州までエリアごとにつくったんです。各地域に代表、世話人の人がいらっしゃり、エリアで厳選された専門店の若手経営者の方々との会、それが「絆の会」なのです。

――**大塚**　「お客様をみろ」ともおっしゃっています。お客起点の発想で、物事を考えられる習慣をつけるという意味ですが、これはいかがですか。

小林　直販メーカーの弱いところです。販売店さまとか、現場の美容スタッフが売ってくれることに慣れてしまっていますからね。やっぱり甘えが出てしまう。

また、カウンセリング系の「接客という付加価値」の高い商品に対して、いわゆるセルフ商品やマス市場を対象とする「コンシューマーブランド事業」を明確に分けました。これは、お客さま自身が自ら商品選択をされ、流通においてはＰＯＳデータなどで判断されるという世界では、当社らしいオリジナリティの高い商品で勝負しようということですね。ですから、お客様をみろというのは、いろいろな意味でこれからは非常に大事になっていきます。

Chapter-14

宮島和美

ファンケル会長

「不」の解消という、
創業理念を再確認。
美と健康分野で
社会貢献を目指す。

●みやじま・かずよし
1950年神奈川県出身。成城大学文芸学部卒業後、'73年ダイエー入社。'99年常務執行役員秘書室長。2001年ファンケル入社、取締役社長室長などを経て、'07年社長に。'08年より現職に。'10年に日本通信販売協会会長となる。

「ちょボラ」マインドの浸透

「私はダイエー時代、阪神・淡路大震災からの復旧復興の陣頭指揮に当たってきた中内㓛さん（故人、ダイエー創業者）を間近に見てきました。中内さんは、ただちに災害対策本部を設置し、自ら被災地域へ入り、店の被害状況とダイエーが被災地にできることを把握し、店舗の復旧活動と被災地域への支援活動を行いました。そんな中内さんから、私は、日ごろの防災訓練や危機管理の大切さを学びました。中内さんは、『被災ニーズは日を追って変わる。ニーズに対応した商品を提供しないといけない』と言っていました。それを参考にして、今回の東日本大震災では私どもも、被災地へ提供する商品を水、レトルト食品から下着、サプリメント、化粧品へと変えていきました」

阪神・淡路大震災のとき、ダイエーの秘書室長だったファンケル会長の宮島和美は、故中内㓛を例に挙げながら東日本大震災についてこう語った。

ファンケルは、無添加化粧品と健康食品を主力商品として製造・販売する通信販売会社。ファンケルショップなど店舗展開も行い、現在、47都道府県の県庁所在地の店舗をはじめ、グループ全体で合計194店（2011年9月末時点）で物販と美と健康のカウンセリングを行っている。

２０１１年３月期連結決算では、売上高９３７億８９００万円、営業利益71億１７００万円、純利益28億４９００万円。国内だけでなく、中国を中心にアジア各国や米国でも、販売を展開する。

同社は、３・11の震災で東北３県の店舗６店と物流センター、それに千葉県流山市の化粧品工場が被災した。いずれも被害は軽微にとどまり、１週間で修復している。

宮島は、１９７３年にダイエーに入社する。入社５年目に秘書室に配属され、以来一貫して中内の秘書を務めた。95年取締役、99年常務執行役員を歴任した後、中内㓛の会長退任に伴い、ダイエーを退社する。２００１年１月、池森賢二の創業したファンケルに入社し、取締役などを経て07年３月に社長、08年６月に会長に就任した。

そんな宮島に３・11の教訓と今後のファンケルの戦略を聞いた。

――大塚　ズバリお聞きします。宮島さんにとって３・11とは何でしょう。

宮島　私どもの原点である創業理念や企業ミッション（使命）を改めて思い起こさせ、認識させた出来事だったということでしょうね。

――大塚　と、言いますと？

宮島　私どもの経営理念は「美と健康」の分野での「不」の解消です。防腐剤の入っていない無添加化粧品の提供と、サプリメント、発芽玄米、青汁など健康食品の提供なのです。なぜ、創業者の池森はそこへ到達したのか。

この「不」の解消という池森の考えは、「世の中の不便は便利に」「不満は満足に」「不快は快適に」など、生活の中にある「不」を取り除いていこう、というのがその哲学です。

その中で、最初に手掛けたのが化粧品でした。当時の化粧品は長持ちさせるために防腐剤が入っており、そのために肌トラブルが起きるということがありました。池森の夫人も、肌トラブルが起きたのですが、池森は知り合いの医者に原因を訊ねたんです。医者は、「化粧品は栄養分が高くて腐りやすいので防腐剤は必要悪だ」と説明するんですが、化粧品については素人の池森はその説明に納得できずに、「腐らないうちに売ればいいじゃないか」という発想が生まれました。

それで防腐剤の入っていない化粧品を試作して、夫人に使わせたら、肌トラブルも起きなかった。これがファンケルの化粧品の始まりです。

池森は、電話で注文を受けることから始めました。5ミリリットルの小さな瓶に化粧水を入れていたので、注文を受けるときに「防腐剤の入っていない化粧品ですから、蓋を開けたら1週間で使い切ってください」と伝え、その約束が成立するマーケティングをしていったのです。

私は、これが成功の鍵になっていると思います。そして池森が社長を退任した後も、愚直なほど、その想いを守って、今に至っているのです。ですから、スタートしたときから、単なる通販ではなかった。お客様と心の通う「通心販売《つうしんはんばい》」として成り立っていったんです。

化粧品の次に始めたのがサプリメントです。このサプリメント事業では、価格破壊というコンセプトで参入していきました。池森いわく、「アメリカのスーパーで見たサプリメントは日本に比べてずいぶん安い。なぜ、日本は高いのか」という疑問から始まったんです。それで価格の標準化、国際化ということで「価格破壊」をしていったわけです。

企業は30年も経つと、こうした創業時の経営理念や使命感は忘れ、つい数字だけを追いかけるようになる。これではいけないと、改めて考えさせられた3・11とも言えるのではないでしょうか。

――大塚　なぜ、3・11が企業理念を認識させることになったのでしょう。

宮島　日本の企業はそのほとんどが3・11の影響を受けています。被災した企業はむろん、直接被災しなかった企業も、被災地域の取引先やお客様の影響を受けざるを得ません。さらに、原発事故の影響による全国的な電力不足問題にも直面しています。

社会は、1000年に一度あるかないかといわれる巨大地震と巨大津波、それに原発事故による大災害で、混沌としています。そんなときだけに、企業は創業理念に基づいた本業を全うしなければならない。それには、今一度、「本業は何か」「使命は何か」「理念は何か」と自問自答し、原点に戻る必要があると思います。

大災害が発生したとき、企業にとって最も大切なことは、一刻も早く〝本業〟を正常に戻すことです。そうすれば、結果として日本の復興スピードは速まると思います。

大震災発生当初は、派手なイベントや宣伝、営業活動の自粛が美徳とされてきました。しかし、重要なのは、復旧復興です。いつまでも自粛していては復旧復興が遅れる。

繰り返しになりますが、企業は本業を元の状態に戻すことを最優先に取り組まなければならない。それはとりもなおさず、「本業とは何か」を問い直すことでもあるのだと思います。

――大塚　企業はどこも、復旧復興活動を必死にやっているのではないですか。

宮島　たとえば、外国人観光客の激減問題があります。そのために市場規模が縮小したと取り沙汰されました。

確かに、外国人観光客を対象にしている企業は損害を被っています。しかし、本来日本市場を対象にしている企業までもが、外国人観光客の減少で損害を被ったと嘆くのは、少し間違った認識だと感じます。

実は、ファンケルも、国内の業績はまだ例年並みに戻っていません。しかし、数字は数字。紛れもなく〝生〟の数字です。3・11以前の数字は、外国人観光客に後押しされた数字となっていました。東京・銀座の旗艦店「ファンケル銀座スクエア」などは中国人をはじめとする外国人観光客で賑わっていました。

しかしいつまでも、外国人観光客を対象の中心にしていてはいけない。グローバル化の進展によって中国でファンケルの商品がもっと安く買えるようになれば、わざわざ日本で買わなくなる。

われわれは、国内の生の販売力を冷静に見ておく必要がある。災害でサッと消えていくようなマーケットをいつまでも当てにしていてはダメだと思います。

――大塚　中国展開の効果が表れた結果ですね。

宮島　現在120を超える店舗を展開している中国では、無添加化粧品が大いに受け入れられ、日本よりも高級イメージが定着しています。おかげさまで上海では、ブランド・ナンバーワンにランキングされてもいます。中国での知名度が上がるにつれて、ファンケル銀座スクエアでも中国人観光客が増えました。一時は、来店客のうち3～4割が中国の方で、店の売り上げの約6割を占めていました。購入単価も日本人客の約3倍でした。

それが3・11以降は、急減しました。しかし、落胆していません。本来の事業の姿に戻ったということなのですからね。

グローバル化が進めば、中国のお客様は現地のお店で買うようになります。わざわざ日本に来て買う外国のお客様は少なくなる。

――大塚　顧客が外国人であろうがなかろうが、顧客数が減ると売り上げも減ります。

宮島　売り上げそのものは問題にしていません。

そもそも、ファンケルの店舗は通信販売の補完機能としてスタートした、いわゆる「ショールーム」という位置付けなのです。

通信販売では、一般のお客様が商品を手にとって見ることも、試すこともできません。そこで、われわれは47都道府県全部の県庁所在地に店舗を置いて、お客様へのサービス拠点にしているのです。店舗は利益を上げるプロフィットセンターではなく、あくまで「お客様に商品を見ていただき、試していただく場所であり、ビューティーアドバイザーが直接お客様とコミュニケーションをとらせていただく場所」という位置付けなんです。利益は後からついてくるということでいいのではないでしょうか。

——大塚　3・11の教訓を企業経営にどう生かしていくかが問われています。

宮島　教訓を生かすには、すでに取り組んでいることをいっそう強化することと、新たに対応しなければならないことがあります。

現在の防災システムの、さらなる整備と拡充が必要です。幸い、私どもは3・11以前に、震度5以上の地震が発生すると自動的に従業員全員に安否確認の連絡が入る「安否確認システム」を導入していました。届いた安否確認のメールに返信すれば、安否が確認されるというシステムです。そのおかげで、発生2日後の13日には、約3000人の全従業員の安否が確認されました。

大震災発生時からずっと私が心配していたのは、従業員とその家族の無事でしたので、従業員全員の安全が判明したときは、ホッと胸を撫で下ろしたものです。

——大塚　宮島さんは、1995年1月17日の阪神・淡路大震災のとき、ダイエーの中内さんの獅子奮迅ぶりを間近に見ておられた。どういう点を参考にされましたか。

宮島　迅速な情報収集と的確な判断と実行力ですね。中内さんは、阪神・淡路大震災以前に、東北地震と北海道奥尻島地震で、物流網が寸断された苦い経験をしています。そのときに、ダイエーは、船をチャーターするとか、ヘリを飛ばすというマニュアルを作っていたんです。それが阪神・淡路大震災のときに有効に生かされた。

阪神・淡路大震災が発生したのは、5時46分でしたが、中内さんはおそらくダイエーの中で一番情報を集めて会社に出てこられたと思います。芦屋のご自宅から一報が入り、Ｋｉｓｓ ＦＭ ＫＯＢＥから電話が入り、流通科学大学から連絡が入ってきていました。

中内さんは出社するなり、当時の川一男専務に、「大変なことが起きたから神戸へ行って来い」と言って、ヘリコプターをチャーターして、午前中に出した。むろん、着陸地点がはっきり定まらないうちに出しました。同時に、男性社員の多くを当時の本社のあった東京・浜松町から着の身着のままで、バスで神戸に行かせた。それが第一弾でした。

中内さんは、直ちに、災害対策本部を設けました。本部長は当時副社長の中内潤さんでした。私が中内さんと一緒に神戸に入ったのは、1月20日でした。中内さんと一緒に、2日間、被災した店舗や事業所を回りました。

現場で陣頭指揮に当たっていた中内さんを見ていて、これこそリーダーたる者のとるべき姿なのだとつくづく思ったものです。

今回の東日本大震災では、私も見習い、東北の被災地を回りました。

――大塚　常日頃、ファンケルは防災訓練はやっていたのですか。

宮島　防災訓練は全国各地の事業所で定期的にやっています。3・11の1～2週間前にも、全国の各事業所で大規模地震想定の避難訓練をやりました。今回、その効果が表れましたね。
地震発生時、私は、横浜本社の応接室でお客様3人と商談を行っていました。窓の外を見ると隣のビルは大きくしなっているし、工事現場のクレーン車の伸びきったクレーンが左右に揺れている。クレーン車はクレーンを必死に下ろそうとしているんですが、揺れていてうまく下ろせない。やがて、応接室の壁に飾ってあった絵画が音を立てて床に落ちた。私は危ないと思い、テーブルの下に潜りました。お客様も潜られました。
大きな揺れが収まると、避難訓練どおり階段で下りて、避難場所へ向かうよう社長の成松とすぐに協議し指示を出しました。本来なら山下公園が避難場所なのですが、津波警報が出されていたので、従業員と一緒に横浜公園に避難しました。

――大塚　工場や店舗は被災しなかったのですか。

宮島　化粧品の工場は、千葉県流山市と滋賀県の2ヵ所にあります。
千葉工場は被災しましたが、壁に亀裂が入ったのと、計測器が床に落ちたぐらいで、比較的軽微で済みました。横浜市東戸塚にある総合研究所も、実験機器が一部ダメになりましたが、建物に被害はありませんでした。現在、ファンケルの受注センターとなっている大船の旧本社は、パソコンやロッカーなどたくさん倒れましたが、建物は無事でした。

一方、店舗は、宮城県3店舗、岩手県2店舗、秋田県1店舗、福島県1店舗、山形県1店舗、茨城県に3店舗ありますが、全半壊した店舗は1店舗もなかった。むろん、入店しているビルの中には、電気が来なかったり、水が出なかったり、天井が落ちたりしたビルがありましたが、いずれも間もなく復旧しました。

私が感心したのは、肌を診断する美容機器が床に落ちないよう両手で必死に押さえたという女性社員の責任感の強さです。その美容機器は高価です。床に落ちれば壊れる、なんとしてでも押さえ込もう。そう思ったというんですね。

——大塚　新しい発見ですね。

宮島　新しい発見といえば、東北のお店の従業員の熱心さと創意工夫ですね。

通販のお客様が、一時、商品をお届けできなかったのでお店に買いに来るというケースがありました。そのためにお店の従業員は、一生懸命対応してくれました。

従業員の中には、避難所から通勤してくる人もいれば、ガソリンスタンドに5時間も並んでガソリンを入れてから車で来てくれる人もいる。みんな、よくやってくれました。

私がお店が入っている盛岡のある百貨店へ行くと、そこの常務さんに、「よく、品揃えをしていただき、ノァンケルのお店をオープンしていただいたものだ」と感謝されたんです。聞くと、うちの従業員たちが自主的に、イオンモールの中の、まだ開店できないファンケルのお店から商品を全部、百貨店のファンケルのお店に自分たちで運び、オープンさせたという。

これは、本社が指示したわけではありません。現場のスタッフがお客様目線で考え出したことなのです。私は、感動しました。

——**大塚** ファンケルにとって東北のマーケットの規模はどれくらいあるのですか。

宮島 被災地は、東北5県と茨城県、千葉県を含めて7県。被災地のお客様は、全体の約1割です。ただ、今回のように津波で何もかも流されてしまったというケースは初めてです。ご注文いただいた商品をお届けしなくてはならないのですが、お届け先がわからない。避難所なのか、ご親戚やご友人の家なのか。また、どこの避難所で、どこの親戚の家なのか。お客様の情報を収集しなければならない。

そこでわれわれは、代金をいただくのを延期することや、ポイント失効期限を延長するなどの対策を講じてきました。

ご連絡が取れないお客様は当初は5000人ぐらいいましたが、徐々に連絡が取れるようになり、通常の状態に戻りつつあります。

——大塚　被災地にはどういう支援を行っているのですか。

宮島　大切なのは、われわれの身の丈にあった支援活動を行うということです。つまり、経営理念に立ち戻って、社会的ミッションを果たさなければならないというわけです。

被災地への支援は長く続けることを社内で決定しています。

われわれにできる中長期的な支援は何か。1回だけトラックで大量にモノを運ぶという単発プロジェクトではなく、あくまでファンケルにしかできない支援を継続的に行うということです。

テーマは、「美と健康」です。「美と健康のsave the東北プロジェクト」と名付けて、東北の被災地へのボランティア活動を始めることにしました。そのために、今年4月から、被災地へ行って、ボランティア活動を行う「ボランティア休暇制度」を導入したんです。

週末の金曜日、5～10名の従業員が、NPO法人が主催するボランティア・バスに相乗りさせてもらって、横浜駅から被災地へ行っている。土曜の朝、現地に着いて、活動を行っています。

現地の避難所では、美容師さんや弊社内のメイクセミナーを受けた男性従業員が、女性にスキンケアやメイクをしてあげたり、男性の方にはハンドマッサージをしてあげたりしている。

メイクというのは女性の気持ちを変えるのです。特に、津波の影響もあり塩害で肌を傷めていらっしゃる女性の方が多く、スキンケアやメイクをして差し上げると、みなさん喜ばれ、元気になられますね。

また、4月から日本栄養士会と一緒に、サプリメントを提供し始めました。被災地の方々は栄養のバランスが悪い。それで栄養士会からのご依頼もあって、サプリメントを提供することにしたのです。それもただ渡すだけではない。正しい摂り方をお教えしながら、お渡しする。私どもの従業員が管理栄養士の方にご説明し、栄養士の方が被災地の方と相談してサプリを摂っていただいています。ボランティア活動に従事した人は、8月末現在で、約100名に達します。

――大塚　ボランティアへの応募は？

宮島　従業員のほうから積極的に申し込んできます。

実は2009年から、われわれは従業員にボランティア休暇を与え、老人施設や特別養護老人施設などを訪問することを奨励しているんです。「ちょっとボランティアしよう」という意味から、略して「ちょボラ」と言っているのです。そういうボランティア活動マインドが浸透しているのかもしれません。

――大塚　被災地へ送られた商品は、スキンケア、メイクアップ化粧品、サプリメントだけですか。

宮島　これも身の丈にあった商品と量です。化粧品の中には、ハンドクリーム1100点、その他に洗顔パウダーや、シャンプーもあります。

阪神・淡路大震災のとき、中内さんが「被災地というのは、ニーズが1週間ごとに変わる。そのニーズを拾っていかなくてはならない」と言っていたのを思い出しましたね。いろんなところから、神戸にリンゴや生鮮野菜が送られてきました。けれども、腐ってしまって捨てざるを得なくなった。そんな教訓から、今回、私は「生鮮物は腐る。送っても無駄になる」と言ったんです。代わりに、ポップライスクラッカー、レトルトのカレー、即席ご飯など、腐らない自社商品を送りました。その他、横浜市水道局の水「はまっ子どうし」約2000点、肌着約3万点を送っています。

ハンドクリームは、池森が阪神・淡路大震災のとき、5万点を神戸に送ったんです。すると、すごい数のお礼状をいただいた。池森は、ハンドクリーム一本だけでこんなに喜んでいただけるのかと感動したと言っています。それはお客様目線なのですね。義務感からではないんです。

――大塚　ところで、3・11後に新たに取り組むべきこととはいったい何だったのでしょうか。

宮島　今夏は15%節電するために、千葉工場は自家発電機を購入し、自家発電を整備する一方、滋賀工場は2月10日に太陽光パネルをつけてオープンさせ、今稼働しています。太陽光パネルは意外に効率が良くて、調子が良いときは旧使用電力量の20％をカバーできる。

――大塚　工場を2つ設けた理由は何ですか？

宮島　リスク分散のためです。

無添加化粧品というのは、クリーンルームがないと作れないんです。どこでも、誰でもすぐにできるわけではない。千葉工場が、地震その他の災害で全半壊したときのことを想定し、2003年に2つ目の滋賀工場を作ったのです。幸い、今回は千葉工場は壊れませんでしたが、いつ何が起きるかわかりません。有事になると、お客様にご迷惑をおかけすることになる。それだけは絶対に避けなければならない。そんな想いで、滋賀工場を作りました。現在、滋賀工場では、無添加化粧品のほかに、グループ会社の製品も作っています。

生産効率を考えれば、工場は一極集中方式で、1ヵ所にまとめたほうが良いに決まっています。しかし、お客様あっての経営効率ですからね。

そういう意味で、物流センターも、今は千葉県柏市にありますが、関西方面にもあったほうが良いのか、検討の余地はあるかもしれません。

そのほか、グループ企業の工場として、横浜市にサプリメントの工場、群馬県にOEM製品を主とした工場、長野県に発芽玄米の工場があります。

従業員は幸せでなければならない

――大塚　日本は少子高齢化が進みます。今後、ファンケルはどういう戦略を考えているのですか。

宮島　毎日、約2900人が生まれて、約3300人が亡くなっている。少子高齢化が進む道理です。その中で、われわれはアンチエイジングの無添加化粧品の開発を追求していきます。もう一つは、サプリメントを提供して、健康の分野で貢献していく。美と健康の、2つの分野で貢献するには、やはり研究開発力を高める必要があります。

一方で、お客様に直接品物をお届けするという業態は、通販だけでなく流通業界も参入してくると思います。流通は店舗を持ち、商品も、配送機能も持っています。キャッシュ&キャリーだから、店に来てもらって、買ってもらって、レジを通って、お帰りいただくという考え方でしたが、最近は、重たいもの、かさばるものはお届けする、というお店が増えてきました。今はまだ通信販売のノウハウがないために追いつかれないと思いますが、そのうち名簿管理の技術などのノウハウが蓄積されると、われわれと競合になる可能性は十分あります。

――大塚　今後の課題は何でしょう。

宮島　やはりお客様のニーズを拾い、一方で、われわれのウォンツをどのようにお客様に伝えるかが鍵となります。そのためには、お客様の家を想定する。居間もあり、トイレもあり、台所もお風呂もある。そういうお客様のニーズをバーチャルで仮想して、われわれのウォンツをしっかりお客様にお伝えする。

今、コミュニケーションツールは、コールセンターからインターネットへとシフトしつつあります。すでに、ご注文のうち、約半分がインターネットでの注文になってきています。今後もこの傾向は続き、注文や問い合わせは電話やハガキよりも、パソコンやモバイルでいただくケースが増えていくでしょう。

われわれが心して取り組まなければならないのはお客様の個人情報の保全です。流出問題などでご迷惑をおかけしないよう万全の危機管理体制をとることが必要です。

――大塚　今後、ファンケルをどんな会社にしていきたいとお考えですか。

宮島　従業員が幸せである会社にしたいと思います。

それは、ダイエーで痛感しました。残念ながら、逆な形を体験したからです。それも、中内さんの後の社長の小さな間違いによってもたらされた不幸でした。千何百人の希望退職を募ることから始まって、どれだけ多くの店を閉め、どれだけ売らなくていい事業を売ったか。当然、従業員はすさんでしまう。

そういうことを経験していると、会社というのは、つくづく従業員が幸せでなければならないと思います。

会社を幸せの共同体にする。そのために、何をするのかは、みんなで考えなくてはいけない。技術力とか販売力の強い会社などと、いろいろいわれますけど、私は、究極は従業員の幸せだろうと思います。

Chapter-15

伊東信一郎

全日本空輸社長

世界の格安航空会社参入は需要拡大の好機になる。

●いとう・しんいちろう
1950年宮崎県生まれ。九州大学経済学部卒業後、'74年全日本空輸入社。整備本部、営業本部、東京空港支店等を経て、2003年執行役員営業推進本部副本部長兼マーケティング室長。'07年代表取締役営業推進本部長、'09年現職に。

仙台空港に着陸しているANA機はいなかった

「3・11は、われわれがリーマン・ショック後の厳しい状況をなんとか乗り切って、巡航高度で行けるかな、と思っていた矢先に襲ってきました。2010年度（2011年3月期）決算は、マラソンランナーがゴールを前にバタッと倒れて、這ってゴールに辿り着き、なんとか目標時間をクリアできたといった感じの決算でした。11年度は、3・11の影響で、元の『振り出しに戻れ』状態からのスタートになりました。ANAグループ全体で危機意識が共有され、あらゆる職場で、生産性の向上や構造改革に取り組まなければ航空戦国時代に勝ち残れない、という緊張感が生まれています。

危機において一致団結できる。グループ社員3万3000人が心をひとつに結集して戦い、克服する。これがANAグループのDNAであり、強みなのです」

インタビューの冒頭で、私が、「3・11をどう受け止めていますか」と訊ねると、全日本空輸社長の伊東信一郎はこう答えた。

ANAグループは、震災発生直後から公共交通機関としての使命と責務を果たしている。まず、震災発生翌日の11年3月12日に、ＡＮＡの便が就航していない福島空港への臨時便を運航させ、3月14日からは政府や自治体からの要請に基づく救援物資や救援者・支援者の無償輸送の実施を表明し、4月15日までの間に合計45件・81トンの物資、約90路線・約７０００名を無償で輸送した。被災地に対する支援策として、義捐金1億円、利用客から募った義捐マイル約３億１３００万円相当、利用客負担分とＡＮＡ負担分を合わせたツアーを通じての義捐金約３４００万円を寄付している。

社員によるボランティア活動も積極的だった。まず、地域活性化の一環の「ＡＮＡマルシェ」をアレンジし、4月にＡＮＡ施設内で「福島・茨城応援マルシェ」、5月に地下鉄銀座駅構内で「銀座ＤＥ応援マルシェ」をそれぞれ開催し、青森、岩手、宮城、福島、茨城の5県の物産展を支援した。さらに、4～6月は南三陸町（宮城県）で給湯能力のある機体除雪用特殊車両を活用したお風呂の提供「ＡＮＡこころの湯プロジェクト」を実施する。また、10月30日と11月13日、宮城県と福島県の子供たちを新機種ボーイング７８７に招待する「復興応援フライト」を行なった。

ＡＮＡは、09年3月期と10年3月期の2期連続で連結最終赤字に陥っていたが、11年3月期には、黒字に転換し、復配を果たした。因みに11年3月期連結決算の売上高は前年同期比10・5％

増の1兆3577億円、営業利益は前年から1221億円増の678億円、純利益は前年から807億円増の233億円。

業績が向上したのは、リーマン・ショック後、回復した需要を確実に取り込んだことと、全社挙げて取り組んだ860億円にも及ぶコスト削減活動が功を奏したからだ。

まさに「勝ち残る企業体質への脱皮」に挑む〝伊東改革〟の成果なのである。

現在、航空業界を取り巻く環境は、激動の時代を迎えている。航空自由化、LCC（格安航空会社）の台頭、アライアンスの共同事業化……。

日本でも、首都圏における国際線発着枠が現在の28万回（年間）から39万回に拡大する15年に向けて、航空の自由化の進展、さまざまなLCCや外国航空会社の参入により、熾烈な競争が繰り広げられようとしている。

競争に勝ち残るためには、生産性を向上させて体力を強化し、より筋肉質な体質へと改善すると同時に、グローバルな動きに迅速かつ柔軟に対応できる企業風土に変えなければならない――。伊東は、11年を「総点検の年」と位置づけ、安全を経営の根幹とし、「あくなき生産性の追求」、「CS（顧客満足）への原点回帰」に力を入れている。

2年半の伊東の主な足跡を辿ると——。

09年10月、前社長・山元峯生（故人）の「沖縄貨物ハブ事業化」方針に基づき、沖縄・那覇空港に航空貨物の一大拠点を設置。さらに、11月には日本発のひらめきを世界に発信する新たなプロダクト&サービスとして「Inspiration of Japan（日本の感動）」を発表する。

10年には、10月、エアーニッポンネットワーク、エアーネクスト、エアーセントラルを「ANA WINGS」に統合する。また、同時期に、羽田再国際化に伴い羽田とロサンゼルス、バンコク、シンガポール、台北の各路線を開設する。

11年に入ると、2月に香港のファーストイースタン投資グループと関西国際空港を拠点にしたLCC「ピーチ・アビエーション」を設立、8月にはマレーシアのエアアジアと合弁で成田空港を拠点とするLCC「エアアジア・ジャパン」を設立する。9月には、新機種ボーイング787を世界最初に導入、10月に成田—香港間をチャーター便初飛行し、11月から羽田—岡山・広島の各路線に就航する。

主戦場が国内からグローバル市場に移る中、ANAはどうやって熾烈な競争に勝利しようというのか。伊東に、3・11から将来に向けた経営ビジョンと勝ち残り策を聞く。

――大塚　まず、3・11についてお伺いします。その日はどうされていたのですか。

伊東　本社ビルの40階で会議をしていました。地震発生後、直ちに本社に危機対応事務局、羽田空港にオペレーション特別対応本部をそれぞれ設置しました。双方が連携をとり、情報収集と運航の安全と維持、臨時便の設定などを行いました。公共交通機関としての使命や責任を果たそうと、グループ一丸となってオペレーションとお客様対応を成し遂げようとした。

震災発生時は、102機のＡＮＡ機が飛んでいた。羽田空港と成田空港はクローズされましたので、両空港に向かう国内線の飛行機は関西空港、伊丹空港や中部空港に目的地を変更したり、出発空港に引き返したりしました。国際線機の中には沖縄、福岡、小松、千歳など普段は発着しない空港に着陸する便もありました。同様に、仙台に向かう飛行機の多くは各出発空港に引き返しています。幸い、仙台空港にはＡＮＡ機はいませんでした。もし、仙台空港に着陸していて、機内にお客様がおられるときに津波が来たらと考えると……。

――大塚　今回の地震は想定外あるいは想定内。どちらでしたか。

伊東　想定以上でした。

ただ、航空会社というのは、地震、台風、大雪などの自然災害、それにハイジャック、事故、緊急着陸など、いろいろなリスクを想定して、救援便をどう出すかとか、どの空港に着陸させるかなど、シミュレーションを行い、マニュアルも作成しています。それに、過去、阪神・淡路大震災、中越地震などいろいろな地震や、アイスランドの火山爆発などさまざまな経験をしていますので、比較的冷静に対応することができました。

対応本部や事務局は、従業員の安否確認からお客様への対応に至るまで、テキパキとうまく対応してくれたと思います。

——大塚　成田と羽田の両空港には、大勢のお客さんがいたでしょう。

伊東　羽田は交通が遮断されて、孤立してしまいましたから、多くのお客様が空港で交通機関が動く朝まで過ごされました。私どもの従業員は日本空港ビルの社員の方々と協力し合って、お客様に毛布を出したり、食料とか水を提供したりして、対応させていただいた。

——大塚　リスク・マネジメントで一番優先されるのは……。

伊東　お客様の安全です。お客様の安全をいかに確保するかというのが第一です。今回の場合には、いかに運航の安全を図り、いかに飛行機を安全に着陸させるかに腐心しました。第二は、いかにオペレーションを元の状態に戻し、公共交通機関としての使命や責務を果たすかということです。

——大塚　では、航空産業にとって3・11は、何をもたらしたのでしょうか。

伊東　3・11を機に、特に何かが大きく変わったということはないと思います。

——**大塚**　**ただ、リーマン・ショック、大震災、原発事故、円高という一連のリスクによる影響は、航空産業も受けているでしょう。**

伊東　航空産業は世界情勢や経済・景気に左右されやすい。円高の進行で日本の景気が悪化するようなことにでもなれば航空会社はもろに影響を受けます。

また、円高はわれわれにとっても、厳しいところがあります。海外の航空会社は日本で安売りする余力が出てくるからです。日本で安く売るパワーが出てくる。それと、やはり外国の人が日本に来にくくなります。

——**大塚**　**3・11で見えてきたことはありますか。**

伊東　海外への正確な情報発信をすることが重要であることを知りました。福島原発事故の当初は、外国航空会社の多くの便が、行き先を成田から韓国の仁川空港などに切り替えた。放射能汚染を怖れた乗務員が、成田に着陸して滞在するのを嫌がったようです。特に海外で安全に関する情報が足りなかったためです。信頼できる正確な情報発信をグローバルに行うことの大切さを改めて認識することになりました。

——**大塚**　**航空産業を取り巻く環境が大きく変化しています。**

首都圏の発着枠の拡大、航空の自由化、グローバルネットワーク化の進展、世界的なLCCの躍進。そういう中でANAはどういう会社を目指しているのですか。

伊東　その質問にお答えする前に、11年9月6日の沖縄発羽田行き140便で一歩間違えば大変な惨事になりかねない重大インシデントを発生させました。ご搭乗されたお客様をはじめ、多くの方々にご迷惑、ご心配をおかけしましたことをまずお詫び申し上げねばなりません。

私どもの掲げる安全理念「安全は経営の基盤であり、社会への責務である」という言葉の重みを、グループ全社員が今一度嚙み締め、強い決意で、安全に取り組んでゆきます。

——大塚　航空会社は安全こそが最大の競争要因となります。

伊東　そうです。安全の基盤の上に、アジア№1の航空企業グループになることを目指しています。

航空会社の評価基準であるイギリスの「スカイトラックス」によると、ANAは現在4つ星。これを最高位の5つ星にするのが当面の目標です。すでに、5つ星をとっている航空会社はアジアに多く、シンガポール航空、アシアナ航空（韓国）、キャセイパシフィック航空（香港）、カタール航空、マレーシア航空、海南航空（中国）、キングフィッシャー航空（インド）の7社あります。これらをライバル企業としてベンチマークしています。

――大塚　アジアNo.1実現に向けて足りないものは何ですか。

伊東　われわれは、品質、顧客満足、価値創造でアジアを代表する航空企業を目指しています。品質、顧客満足はかなりのレベルにまできていると思いますが、もっと海外の人にアピールできるサービスを強化したいと考えています。価値創造は、10年度はリーマン・ショックも乗り切り、なんとしてでも黒字にするという目標を掲げ、黒字化を達成しました。

今後も、価値創造をして、しっかりした財務体質にしなければいけない。たとえば、シンガポール航空、キャセイパシフィックなどは素晴らしい価値創造企業ですが、われわれもそこに並ぶような財務体質にしなければいけない。そのために、「連結営業利益率10％以上」を目標に掲げ、その達成に向けてグループ全体で取り組んでいるところなのです。利益を出して、財務体質がしっかりしていかないと、企業の永続性も問われます。

――大塚　収益を上げるには、レベニューマネジメント（収益管理）をしっかり行う必要があるのでしょう。いかにユニットレベニュー（1座席を1キロ飛ばすことで得られる収入）を上げ、いかにユニットコスト（1座席を1キロ飛ばすのに必要な経費）を落とすかが、きわめて大事だといわれます。

伊東　高い安全・品質レベルとお客様満足度を実現し、高度なマーケティング・情報技術を駆使して収入の最大化を図る。同時に、知恵と工夫で生産性を高め、コスト競争力を向上させていく。つまり、バリューチェーンにより、収益性を高め、財務基盤を安定化させ、世界の熾烈な競争に勝ち残る成功モデルを構築していくということです。

ユニットコストの低減については、世界の先進的な航空会社をベンチマークしながら、内向きにつくっている基準がないか、今の仕事の進め方でいいのか、先進的なエアラインとの差はどういう点に出ているか、などを総点検しています。変えるべきものがあれば、変える。国際線事業にシフトすればするほど、テロや紛争、感染症、原油高などのイベントリスクに晒《さら》される確率は高まる。

そこで、私は社内でこう訴えているんです。

「万一、イベントリスクに見舞われても、収益を上げていけるように財務を筋肉質にしておかなければならない。生産性を上げ、ユニットコストを下げ、たとえ従来のANAのコストでは飛べないような地点でも収益が上げられる体質にして、収入を伸ばす。アジアの成長を自らの成長の糧にするとも言っているが、アジアのマーケットを攻める場合には、避けて通れない運賃競争に勝てる体質に変えていく必要がある」と。

つまり、グループ全体でグローバルに戦える体質をつくっていこうと言っているんです。

――大塚　国際線事業には国内線と違ってさまざまなリスクが伴う。

伊東　イベントリスクにより、需要が変動することがありますが、この変動に耐えられるだけの体力をつけることが重要なのです。

われわれはリーマン・ショックの際にも大きな赤字を出しましたが、その反省を含めてもっと力をつけていく。少々のリスクには耐えられるだけの力をつけていくことが大事。それには、やはり、生産性を上げていくことです。繰り返しになりますが、営業・マーケティングの力がグローバルレベルでどうなのかという総点検を行い、足りないことがあれば、スピード感を持って改善していく。

――大塚　いかに営業収益を出していくかが、最大の課題というわけですね。では、どうすれば営業収益は高められるのでしょう。

伊東　われわれは今後の成長の柱を国際線事業と見定めています。

国際線の売上高は、10年度の2840億円から12年度（13年3月期）末には1・4倍の3870億円に拡大したいと考えています。その橋頭堡になるのが、11年4月からスタートした同じ航空連合「スターアライアンス」のメンバーであるANAと米ユナイテッド航空、米コンチネンタル航空の3社のジョイント・ベンチャー（共同事業）なのです。

――大塚　共同事業とはどういうものなのですか。

伊東　運航ダイヤの調整や新路線の創設、料金設定の工夫などによって、利用者により高い利便性を提供できる。全米から利用客を集め、太平洋を越え日本はもちろん、中国、その他のアジア各国に運んでいく。日本や中国から北米に行く流れもしかり。3社で収入をプールし、リスクを分担しながら続けていくので、これまでのコードシェアなどという形よりも競争力が高まる。

11年10月からは、同じような共同事業の取り組みをルフトハンザドイツ航空とも進めています。これを通じて、お互いの運航便を相互に自社便のようにお客様に提供することで、ダイヤや運賃等の選択肢を多様化し、お客様の利便性を向上させることができる。その結果、国際競争力は高まるだろうと期待しているんです。

――大塚　かつて、ANAはお客様に選ばれる航空会社になろうと、「First Choice（ファーストチョイス）」というスローガンを掲げたことがあります。それをこれから進化させる。

伊東　そうです。アジアでNo.1になり、世界における認知度を高めるには、安全運航、定時運航はもちろん、機内・機外におけるサービスの質を向上させることで、顧客満足度を高め、「乗るならＡＮＡ」と言ってもらえるようになることです。そういう人が増えれば利益は自然についてくる。こうしたサイクルを地道に回しつつ、お客様がワクワクするようなプロダクトを投入することも必要だと思います。

新たなプロダクト&サービスの「Inspiration of Japan」などは、まさにお客様にワクワクしていただけるものではないかと思います。ビジネスクラスでも、完全フルフラットのベッドスタイルとなり、隣の人の足をまたがずとも全席通路にアクセスできるという先進的な座席が売り物なんです。この機材は10年4月から成田―ニューヨーク線を皮切りに成田からのロンドン、フランクフルト、パリ路線に順次導入しました。

７８７は日本の革新技術の総力で誕生した

――大塚 ＡＮＡにエキスパティ（特殊性）があるとすればそれは何でしょうか。

伊東 ネットワークキャリアとしてお客様に快適な空間を提供するということです。

――大塚 他の航空会社でもそう言っています。

伊東 もちろん。航空会社は、どんなに新しい飛行機や座席を入れても数年経てば同じようなものになってきます。食事もおいしいものを同じように出せます。他社と差別化ができるものがあるとすれば、やはり「人のサービス」でしかありません。笑顔なりホスピタリティで差別化を図る。逆に言えば、そういう部分では負けるわけにはいかない。

——大塚　ANAは接客力やホスピタリティで、他社にまさっているとお考えですか。

伊東　そうありたいと願っています。

私は、「あんしん、あったか、あかるく元気！」という、社員が作ったANAのブランドステートメントが大変気に入っています。これは、ANAグループに浸透していて、客室乗務員とか空港スタッフをはじめ、グループ社員全体のサービスの基本になっています。お客様に、あんしんで、あったかで、あかるく元気、そう感じてもらえるような会社でありたいと言っているんです。

——大塚　ANAがボーイング社に開発を踏み切らせたといわれる中型旅客機787が、世界の航空会社に先駆けてようやく就航しました。

伊東　おかげさまで、世界が注目する新旅客機を世界で初めて就航させることができました。

787は、ボーイング社とパートナー各社、そしてANAグループの「Working Together Team」の努力の結晶であり、たずさわった方の一人ひとりの想い、魂が込められた航空機なのです。

初号機を受領した際に、シアトルから羽田まで乗りましたが、この飛行機は女性的なしなやかさと男性的な逞しさを併せ持った、機能美ともいうべき実に美しい形をしています。また、静かでキャビンが広く、窓も大きくて明るい。空調や気圧も大幅に改善され、実に快適でした。これぞ日本が誇る新素材や最先端技術とボーイング社の蓄積された経験・ノウハウのシナジーで生み出された次世代飛行機です。

787は、国際線に使うと座席数200席程度の中型機で、何よりも燃費がいい。767に比べ燃費性能が約2割改善されました。55機すべてを受領すれば、年間のコスト削減効果は100億円になると見込んでいます。また、短い滑走路でも長い距離を飛べるのが特徴で、羽田から欧州や北米向けの国際長距離路線に戦略的に投入していく予定です。

787は、17年度までに55機を導入します。11月に羽田―岡山・広島線への導入を皮切りに、12月に羽田―北京線、12年1月に羽田―フランクフルト線に投入します。

――大塚　ANAがローンチカスタマー（メーカーに開発を踏み切らせるだけの発注を行う顧客のこと）となる決心をしたのは、大橋洋治会長が社長時代の04年4月です。55機を発注された。ANAは一般の顧客ではなく、事業を決定づけたパートナーとして、ボーイングはANAを尊重し、ANAの要求を取り入れたそうですね。

伊東　ボーイングさんには、787を世界的なベストセラー機にするために、オペレーターとしてのわれわれの経験と知恵を重視していただきました。

787の最大の長所は低燃費・長距離飛行ですが、このメリットがそのままANAの強みにもなるのです。787の開発・製造には多くの日本企業が関わり、機体部品の35％を受け持っています。構造材料の約5割に使用した炭素繊維複合素材は東レが製造したものです。また、主翼は三菱重工業、エンジン部品はIHI、前部胴体と主脚格納室などを川崎重工業、中央翼の製造などを富士重工業、トイレやキッチンはジャムコが製造といった具合です。まさに、787は日本の革新技術の総力を駆使して誕生した飛行機といっても過言ではありません。

――大塚　ANAは歴代の社長が羽田空港の国際化を訴え続けてこられただけに、10年10月、羽田空港の国際化が実現したときの喜びはひとしおだったと思います。

伊東　われわれにとって悲願でした。成田空港の発着枠は、JALや外国航空会社にかなりの部分を押さえられていましたので、羽田からどうしても国際線を飛ばしたかったのです。

しかも、われわれの強みでもある羽田発着の国内線ネットワークを生かすことができます。実際、海外からの旅行客の多くの方々が、羽田乗り継ぎの国内線を利用してくださっています。逆もしかり。地方空港から仁川空港（韓国）などを経由して海外に行かれるお客様は多いのですが、国内線で羽田に来ていただき、そこから海外へ行けるようになりました。羽田空港の国際化による活性化は、日本経済にとっても効果的だったと思います。

——大塚　成田も発着枠が30万回に増えます。

今後3年ほどかけて実現するそうですが、そうなると海外の航空会社もたくさん来ます。

伊東　そうです。われわれの業界は、ある意味で、首都圏は発着枠の余裕がないことで、守られていた面が大いにありました。首都圏の発着枠は今後2年、3年の間に大きく拡がります。頸木《くびき》が解かれるわけですから、そこにアジアをはじめ世界の航空会社やLCCがどんどん参入して、新しいマーケットを創出してきます。すると、われわれが掲げてきた従来のANAブランドでの商売だけでは、カバーし切れないセグメントの市場が一挙に膨張します。

ＬＣＣの躍進は世界中で起こっています。日本も必ずLCC旋風が巻き起こるでしょう。エアアジアなどは、ANAと組まなければ、きっと他の会社と組んでいたと思います。であれば、われわれは先手を取ったほうが得策と考え、エアアジアと組んだわけです。

——大塚　ANAは、日本のLCC2社に投資しています。

一つは、「ピーチ・アビエーション」。12年3月、関空からの新千歳、福岡便を皮切りに、同年5月、仁川便など国際線にも順次就航していく。もう一つは、マレーシアのLCC、

エアアジアとの合弁会社「エアアジア・ジャパン」を設立しました。この狙いは何ですか。

伊東　LCCは、故山元社長時代に香港にアジア戦略室を設立して以降、LCCビジネスモデルの研究・解析や日本への導入について研究してきました。そうした中で、関西国際空港を拠点に東アジア域内に新たな航空需要の創出を目的に出資したのが「ピーチ・アビエーション」なのです。関西には人口が約2000万人あり、経済規模もアジア有数の地域です。LCCの需要は必ずあると判断したわけです。

一方、首都圏でも、空港容量の拡大に伴い、新規参入が増え、厳しい競争時代を迎えている。しかし、環境の変化は、大きなビジネスチャンスでもある。新たな需要を創出し、航空市場の拡大を図る一大チャンスなのです。いち早く先行者メリットを得ていくため、マレーシアのエアアジアと組み、「エアアジア・ジャパン」を設立することにしたわけです。エアアジアは「Now, everyone can Fly!」をスローガンにアジア最強のブランド力を誇るエアラインです。彼らが自ら培ったエアアジアスピリットを発揮しつつ、堅実なビジネスを展開しているのも合弁に踏み切った理由です。

——大塚　注目すべきは、ANAのLCC市場への参入に対する

執念と真剣な取り組みです。かつてANA社長の山元峯生さんは私にこう言われた。「外資系損保が日本で医療保険を売り始めた当時、だれも外資が市場をリードするなど想像すらしなかった。それがどうでしょう。今日の医療保険は外資に押さえられています。航空産業もそうなりますよ。気がつけば日本の空はLCCカラーに染められていたとなるのは、時間の問題ですよ」と。

伊東　ＬＣＣは今までになかった新しい市場なのです。〝格安〟という言葉から、安かろう悪かろうの航空会社をイメージされる方もおられますが、決してそういう事業なんかではない。

すでに世界の航空市場ではＬＣＣの市場シェアは、欧米では3割を超え、もはや身近な交通手段として浸透しています。これに対して、特に東アジアではＬＣＣのシェアはまだ5％以下に留まっています。今後のアジアの成長を考えればビジネスチャンスは大きいといわざるを得ません。

――大塚　新しい航空市場の掘り起こしができるということですか。

伊東　世界の需要推移を見ると、増加分はほとんどがＬＣＣによって創出されています。あとは、中東の航空会社がちょっと増やしています。古い航空会社はみんな、需要が横ばい、もしくは減っています。

——大塚　ＡＮＡは、エアアジア・ジャパンを子会社化しています。

伊東　われわれがエアアジア・ジャパンを連結子会社にしたのは、今後、国際線事業で成長する柱の一つにＬＣＣ事業の役割があると考えたからです。エアアジア・ジャパンとＡＮＡは完全に分離された別ブランドであり、取り込む需要も異なります。ですから、ＡＮＡの需要がある程度エアアジア・ジャパンに流れたとしても、それは共食いではない。自らの連結決算の中で、移転をしているだけであり、需要を食われて大減収になるということにはなりません。

重要なのは、ＡＮＡの設備やコスト構造のままでやってはダメで、いかにＬＣＣたるコスト構造や低価格運賃の実現力があるか、そこに尽きるということです。経営の独自性は当然、一定程度確保します。マーケティングやオペレーションもエアアジアのノウハウをもとにエアアジア・ジャパンが行う。

——大塚　ＡＮＡとエアアジア・ジャパンは、ブランドも、企業文化も、経営手法も、完全に分かれる。

伊東　そうです。明快に分かれる。ブランドが2つあるので、最近、デュアル・ブランド（2つのブランド）という言葉を使い始めていますが、連携性はありません。ＡＮＡを選ばれるお客様は、ＡＮＡらしい日本のおもてなしや、ＡＮＡのネットワークサービス、シームレスに乗り継げる利便性とか、マイルを貯めるなどの付加価値やメリットを享受していただく代わりに、それ相当の運賃をいただく。ＬＣＣは運賃訴求型の航空会社ですから、ＬＣＣが欠航したからといって代わりにＡＮＡが輸送するなどということはありません。両社の間には、ファイアーウォール（防火壁）がきちっとつくられているのです。コーポレートカラーも、ＡＮＡはブルー、エアアジア・ジャパンは赤と、くっきり分かれています。ＡＮＡらしいサービスとか、従来われわれがＡＮＡの中で実現してきたものとは、一線を画さなくてはならない。

——大塚　ＡＮＡは旅客だけでなく、貨物輸送事業にも力を注いでいます。伊東さんは、09年10月、沖縄・那覇空港に航空貨物の一大拠点を設けて、アジアをカバーする物流ネットワークの構築にチャレンジされている。沖縄貨物ハブ事業についてはいかがですか。

伊東　沖縄貨物ハブ事業を開始以降、ハンドリング面も含めたオペレーションについては非常に安定して提供できています。開業当初は、リーマン・ショックの影響も受けていましたが、世界的な景気回復に合わせて、徐々に搭載量も増加してきました。国内外で積極的に実施した企業及び物流業者向けのセミナーなどで、認知度も高まり、直近では安定して7～8割程度の搭載率を確保できています。

今後の物流マーケット予測でも、アジア・中国地域を中心に拡大が見込まれています。とりわけ今後20年間の需要予測では、「イントラアジア」の成長率が約80％と、全世界でも最大級の伸びが見込まれているんです。

――大塚　ANAの歴代の社長はいろんなミッションを追求されました。普勝清治さんは事業再構築に心血を注がれ、野村吉三郎さんは経営改革を断行され、またスターアライアンスへの加盟を決断され、大橋さんは「アジアNo.1」への布石作り、山元さんは来る航空自由化時代での飛躍の礎を築かれた。伊東さんの使命は何だとお考えですか。

伊東　私は09年4月にANAグループCEO

に就任した際に、社内に向けてメッセージを伝えました。「現在のANAがあるのは、こうした諸先輩方の経営改革の賜物であると感じています。私の役目は、ANAグループ3万人の先頭に立ち、諸先輩方の築かれた土台の上に、〝アジアを代表する航空会社〟としてのANAを創ることです」と。

ANAは12年に創業60周年を迎えます。こうした先人たちが築いた資産をさらに強固なものとして、60周年のANAにふさわしい姿に成長させることです。それには、繰り返しになりますが、生産性を高め、恒常的に利益の出る筋力のある体質にしていかなくてはなりません。そうすれば、アジア№1のエアラインの実現が達成できると確信しています。

松本南海雄

マツモトキヨシホールディングス
会長兼社長

Chapter - 16

超高齢化社会へ「かかりつけ薬局」を地域社会の中核に。

●まつもと・なみお
1943年千葉県出身。マツモトキヨシ創業者、松本清の次男。日本大学理工学部薬学科（現薬学部）卒業後、'65年（有）薬局マツモトキヨシ（当時）入社。'75年専務取締役、'98年副社長、'99年日本チェーンドラッグストア協会設立、会長就任、2001年マツモトキヨシ社長に。'07年マツモトキヨシホールディングス社長。

業界で取り組んだ「いかにすぐ店を再開できるか」

「3月11日の大震災のことは、一生忘れません。あの日は、日本チェーンドラッグストア協会主催の『JAPAN・ドラッグストアショー』の初日で、会場の幕張メッセ（千葉県美浜区）には、ドラッグストア約180社をはじめ賛助メーカーである製薬会社など約350社の関係者、それにスーパーマーケット、コンビニエンスストアなど異業種の方々を合わせて2万3500人ほど集まっていました。土日に一般の人たちにも開放しますから、観客は3日間の開催期間で12万〜13万人に達すると予想しました。夕方には各方面の方も招待するパーティ開催も予定し、テレビ局の取材も何局か手配していました。

私は、今回は大盛況になると期待しながら会場を見て回って、事務局に戻ってきたそのとき、グラッと来ました。今まで経験したこともない大きな揺れでした。場内のブースの多くが倒壊し、展示品は散乱している。天井パネルは落下している。私は危険だと思い、入場者を誘導して、場外に出てもらいました。

それから協会の幹部だけで協議しました。パーティの支度はできている。メーカー様のご協力もいただいている。一般の人たちも楽しみにしている。しかし、テレビを見ると、今まで見たこともない巨大津波の映像を繰り返し流している。余震も断続的に発生している。どうすべきか。2時間ぐらい侃々諤々《かんかんがくがく》の議論の末、当日分は中止することに決めました。翌日も一般の人への開催をぎりぎりまで検討を重ねましたが、安全を最優先に考え、中止としました。

今から振り返っても、3・11は非常にショックでした」

インタビューの冒頭、「3・11の地震発生時は何をしていたのですか」と訊ねると、マツモトキヨシホールディングス（以下、HD）の松本南海雄《なみお》はこう答えた。

リーマン・ショック以降の深刻な不況下にあって、ドラッグストア最大手のマツモトキヨシHDは元気だ。なにしろ、1999年に東証1部上場以来12期連続増収を続け（07年までの実績はマツモトキヨシの連結）、3期連続で最高益を更新した。

因みに、11年3月期の連結決算は売上高が対前年同期比9％増の4281億8400万円、経常利益が同3・8％増の174億9700万円、純利益が0・1％増の72億9100万円。店舗数は、マツモトキヨシ695店舗、その他グループ店518店舗の合計1213店舗。

マツモトキヨシHDは、2007年に設立された持ち株会社。傘下に、「マツモトキヨシ」を中心に、「ぱぱす」「エムケイ東日本販売」「ミドリ薬品」「マツモトキヨシ甲信越販売」など、主要13の事業会社を擁する。15年度には、グループ店舗数を現在の1200店から2000店に拡大し、「売り上げ1兆円、業界シェア10％」を目標に掲げる。

3・11では、東北3県（岩手、宮城、福島）と茨城県にある約100店舗のうち、84店舗が被災した。被害は、いずれの店舗も、店内の什器・備品・棚の倒壊、商品の損傷、看板の落下と比較的軽微だったために、早い店舗は翌日から営業を再開し、大半の店が4月下旬には復旧にこぎつけている。損害額は2億6900万円。

マツモトキヨシHDは、被災地に対しては、震災後速やかに、飲料、マスク、紙オムツ、生理用品、ウエットティッシュ、包帯など約3000万円相当の物資を寄贈した。また、義捐金1億2000万円を寄付し、店舗・本部での募金8114万円も災害義捐金として寄付している。さらに薬剤師5名を被災地へ派遣し、支援活動を行っている。

松本は、マツモトキヨシの創業者・清《きよし》の次男で、01年2月に3代目社長に就任している。もっとも、それまでも社長と政治家（75年、千葉県議に初当選、後に衆議院議員）という二足のわらじを履いていた兄・和那《かづな》をサポート、事実上の社長として経営の舵取りを行っていた。09年4月、社長を吉田《よしだ》雅司《まさし》にバトンタッチし、自らはグループ経営を行う会長に就任したが、11年4

月、再び社長に就任し、会長兼社長として経営の采配を振っている。
松本は、09年6月、社団法人日本チェーンドラッグストア協会を創設し、09年までの10年間、初代会長を務める。現在は名誉会長。

――大塚　日本チェーンドラッグストア協会では、どのような被災地への支援活動方針を出したのですか。

松本　幕張メッセでテレビ報道を見ていると、津波で仲間のお店がどんどん流されている。これでは街の医療体制は機能しないだろうということで、各社ともなるべく店を開けるようにしようと話し合いました。ドラッグストアというのは、医薬品、衛生材料、一部食料品などを売っていますからね。

――大塚　一方、会社にはどういう指示を出されたんですか。

松本　携帯電話が繋がらず、会社とはなかなか連絡がとれない。そのうち、ＰＨＳで連絡がとれるようになったので、「何はともあれ、お店を早急に開けるように対応しろ、人も応援に向かわせる」と言いました。
まず、支援物資を被災地に送り、その後、厚労省からの要望もあって、日本チェーンドラッグストア協会から延べ40人の薬剤師派遣に協力しました。町のお医者さんも、薬局も機能しませんでしたからね。

薬剤師は、被災地で医者からの処方箋で医療用医薬品を調剤して、患者さんに渡したり、お年寄りの話を聞いて心のケアをしてあげたり、支援活動を行っていました。

――大塚　松本さんが、3・11で最も強く感じられたことは何でしょう。

松本　日本チェーンドラッグストア協会をつくってよかったと思いました。支援物資の発送、薬剤師の派遣、ボランティア活動など、業界が一つにまとまって支援活動を行うことができましたからね。各社がバラバラじゃ、有効な支援活動などできなかったと思います。

――大塚　そもそも協会設立の目的は何ですか。

松本　薬剤師不足問題の対応です。もともと日本は薬剤師が少なかった。ドラッグストア業界は激しい競争をしていましたが、一つにまとまって問題解決に当たろうと呼びかけたわけです。そして協会を設立し、いろいろな活動によって、薬事法の改正、それに伴う登録販売者制度の導入にこぎつけたのです。現在、登録販売者は全国に約10万人います。

そして、「ドラッグストアショー」のような、地域密着のドラッグストアをテーマにしたイベントも行うようになったのです。

われわれがお手本としているのは、地域医療をリードしているアメリカの全米チェーンドラッグストア協会（NACDS）です。

——大塚　地域に密着した店というのは、どういう店になりますか。

松本　高齢化社会に向かって、われわれはどう対応すべきなのか。また医療品高騰の中でわれわれの使命とは何か——。その命題に対するわれわれの解答は、「地域に密着したドラッグストアを目指すこと」です。いわゆる、〝かかりつけ薬局〟になることなんです。

地域社会に増えるお年寄りの方々に対して、薬剤師が相談に乗ってあげる。あるいは薬歴管理をしてあげる。お年寄りの方はAという病院に行って、門前の薬局で薬をもらう。また、Bという病院に行って門前で違う薬をもらう。薬歴データがないので服用している薬がわからない。ですから、一番いいのは自宅の近くのかかりつけのドラッグストアで薬をもらうことなんです。

——大塚　松本さんは、軽度の疾患には医療費負担を重くし、重度の疾病には負担を軽くする制度の導入を訴えています。

松本　日本の医療制度はこのまま放っておくと崩壊します。65歳以上の高齢者は増える一方で、15歳から64歳までの生産年齢人口は減少している。

すると、医療費を稼ぐ人よりも、医療費を利用する人のほうが多くなります。医療保険制度改革こそ、早急に進めるべきだと思います。

もう一つは、高齢化社会の到来で、高齢者の通院頻度が増し、大病院はどこも大混雑です。風邪など軽い病気であれば、負担を重くすることで、必然的に通院頻度は減少します。

ですから、日本もフランスみたいに、軽い病気には負担率を重くして、重い病気には負担率を軽くする。ちょっとした風邪とか頭痛、腹痛などは、ドラッグストアに行って、そこの薬局で薬剤師に相談して治す。この制度を採用することで、医療費も抑制できますし、同時に、本当に診察を必要とする重い病気の患者さんは、待ち時間なく受診することができるようになります。

軽度の病気に対処する役割を果たすのが、われわれが提言している「かかりつけ薬局」です。

——大塚　私は以前、ドイツの地域医療システムをみてきました。

まず、かかりつけのクリニックに診てもらい、治癒しなければ総合病院を紹介してもらい、さらに高度医療が必要な場合は専門の医療センターを紹介してくれるというシステムが出来上がっています。診療所は、エリアごとに設置されているし、レントゲンや、CTスキャンなどを設備していないから、診療費も高くはない。

日本のクリニックには、大学病院と同じ機械を設備したところもありますが、そういうところは診療費を高くせざるを得ない。

松本　アメリカでもそうです。かかりつけの薬局があって、かかりつけのドクターがいます。そうすると、薬剤師が相談に乗って手に負えないときはかかりつけのドクターを紹介する。ドクターは、自分のところで対処できるものとできないものを分類し、できないものは専門の病院を紹介する。ですからまず、われわれのところの薬剤師や登録販売者に相談してもらう。それから近くの診療所に行ってもらう。そして治らなければ、専門の病院を紹介して行ってもらう。

――大塚　松本さんは、OTC（一般用医薬品）のマーケットの拡大を訴えています。そのためには、医師の処方箋が必要な医療用医薬品からOTCにスイッチするスイッチOTCの増大を唱えています。

松本　国は薬価の安い後発品の使用を促進していますが、医療費抑制策は、それ以外にもたくさんあります。その一つが、スイッチOTCの推進です。医師の処方箋が必要な医療用医薬品でも、副作用などのリスクの比較的低いものは、どんどん一般用医薬品にスイッチすべきだと言っているのです。効きのいい医療用医薬品が保険対象外の一般用医薬品にスイッチされることで、医療費の抑制にもつながります。

いい例が、鎮痛剤の「ロキソニンS」とか、胃腸薬の「ガスター10」です。今まではお医者さんの処方箋がなければもらえなかった。ところが、薬剤師のいる店で説明してもらえれば購入できるようになりました。

自分の健康は自分で管理していこうというセルフメディケーション（自己健康管理）の機運が高まってくれれば、医療費の抑制になり、病院も混雑しなくなります。

——大塚　09年6月、改正薬事法の施行後、スーパーマーケット、コンビニエンスストア、家電量販店が一斉に、薬を売り始め、案の定、価格競争が始まりました。松本さんの予想どおりになりました。

松本　値引き競争が激しくなりました。しかし、どうでしょう。スーパーマーケット、家電量販店、ホームセンターでは、思ったほど医薬品は売れていません。これからは高齢者が増えますから、もっと厳しくなると思います。高齢者の方はいちいちクルマで、医薬品を買いに郊外のＧＭＳとか家電量販店に行かれない。歩いて行ける駅前とか、繁華街や駅ビルの中に入っているドラッグストアへ行かれるようになると思います。医薬品というのは、症状が出て初めて買おうと思うものです。それも近くのドラッグストアに行く。頭痛薬を買うために、頭痛を我慢してクルマを飛ばしてスーパーに行く人はいません。

それと今後ますます専門店が強くなると思います。お客様は、専門性を求めますからね。

地域医療の一端をになうドラッグストア

――大塚　成長戦略をお伺いします。マツモトキヨシHDは、15年度には関東の店舗を現在の760店舗から1000店舗に、そして業界シェア10%、売上高1兆円企業を目指しています。この目標をどうやって達成させようと考えていますか。

松本　一つは、われわれは関東地域で圧倒的なシェアを取ろうとしています。私が前から言っているのは、1000店舗あれば大体の関東の重要地域はカバーできるだろうと。関東地域の医薬品市場は日本全体の60%あります。まず、ここをしっかり押さえていく。

――大塚　マツモトキヨシはある地域に集中して出店する「ドミナント戦略」を展開しています。

松本　うちの強みは、都心のターミナル駅前や駅ビル、繁華街という好立地に店を持つことです。そのためにテナントとして出店するだけではなく、物件を買っているのです。銀座、六本木、新宿、渋谷、全部自社の所有です。私の経験から言って、出店したいと思う場所はなかなか賃貸物件が見当たりません。ですから、「絶対、売り上げが上がる場所」と判断したら、買うことに決めています。狙った場所より200メートルずれても売り上げが違ってきます。

――大塚　ドミナント戦略で、かかりつけドラッグストアを拡大する。

松本　そうです。ドミナント戦略ですから、極端に言えばＪＲ、私鉄の駅ごとに、核となるマツモトキヨシの店を出店したいということです。

一つのビジネスモデルは、新松戸（千葉県）です。まず、駅前には薬剤師を配置した調剤専門店があります。また、調剤併設型の店もあります。そこでは１類の効きのいい薬も置きます。薬剤師と登録販売者を置き、商品としては食品なども置く。さらに、駅前から離れたところには長時間営業を行うコンビニドラッグストアがあります。そこはドラッグストアをコンビニ化させた業態で、コンビニエンスストアに対抗する利便性の高い商品を揃えています。

さらに、駅から１〜２キロ離れたところには、郊外型ドラッグストアがあります。売り場面積１５０〜３００坪で、そこには食品から日用雑貨、日配品なども置いています。

このように駅前を拠点とした調剤専門店や、調剤併設型のお店を展開していきます。

――大塚　中心は、調剤専門店、調剤併設店といった調剤を行う店というわけですね。単なるドラッグストアでは、マツモトキヨシのエキスパティ（特殊性）を発揮することができない。

松本　われわれは、薬事法の改正を機に、価格競争に依存した従来の成長戦略から専門性を前面に打ち出す戦略へと切り替えました。つまり、スーパーやホームセンター、家電量販店と差別化を図るためです。

薬剤師でなければ販売できない高付加価値で高収益の薬品を扱い、カウンセリングしながら販売するかかりつけの店にしていく。スーパーやホームセンターなどは、人件費の高い薬剤師を多く抱えられません。私は地域に密着した薬剤師がお客様の健康相談に乗る「かかりつけのドラッグストア」にしていこうと考えています。セルフメディケーションの受け皿となり、地域医療の一翼を担う新たな成功モデルを確立したいと思います。

——大塚　現在、調剤を行っている店は何店舗ありますか。

松本　約150店舗です。調剤による売り上げは230億円ぐらいです。

——大塚　都心型のドラッグストアはどう変わりますか。

松本　登録販売者を活用して、利便性の提供を目的とした長時間営業の店づくりをします。六本木のような24時間営業の店をもっと増やしたいと思います。アメリカでは24時間営業のドラッグストアが多い。日本ができなかったのは薬剤師の数が少なかったからです。でも、これからは登録販売者を利用して増やせます。医薬品の深夜マーケットは確実に増えます。

——大塚　さきほど、新松戸のコンビニドラッグストアはいいとおっしゃいましたが、いかがでしょうか。

松本　コンビニドラッグストアの需要は高い。夜、おなかが痛くなったとか、頭痛がしたときなどは、ちょっとコンビニに寄って1日分の鎮痛剤を買う。1日分だと3回飲めばいい。すると1回2錠だと6錠あればいい。お客様は、小さな包装の1日分だけを買いやすい値段で買える。一方、売るほうは値段が崩れないために利益が出るというメリットがあります。そういうものをつくって、コンビニドラッグストアに置けば、価格競争に巻き込まれることはない。

うちで24時間やっている六本木、赤羽、渋谷、新宿などのファーマシータイプのドラッグストアでは、深夜の4時まで、すごく売れるんです。ですから、コンビニも受けます。

――大塚　ローソンと一緒に、コンビニドラッグストアをやっています。現在4店舗をやっていますが、手ごたえはいかがですか。

松本　ローソンさんの平均店舗面積は30～40坪ですが、ドラッグを併設してやるにはやはり100坪ぐらいは必要となります。また、ローソンさんはフランチャイズですから、一部の店だけにドラッグを併設することに、課題もあるようですが、当社との実験店としていろいろな検証ができています。

――大塚　ドミナント戦略は、地方では展開しないのですか。

松本　ナショナルチェーン店として、マツモトキヨシが北海道や九州へ出店しても、経営効率が悪い。うちの販管費では採算が合わない。そのエリアで有力な企業をグループ化して、そこの経営者に経営を任せたほうが地域特性もわかるし、効率はずっといいと思います。

――大塚　松本さんは、積極的にM&Aを行っています。M&Aの条件は何でしょう。

松本　相手の企業は、それぞれの地域で有力なドラッグストアであることです。売り上げ規模が100億～300億円の企業です。エリアで有力な企業となると、300億円くらい売り上げていますね。ここ数年、うちがM&Aをした地方の有力企業は、都内でシェアNo.1の「ぱぱす」、九州・沖縄に136店舗を持つ「ミドリ薬品」、山陽エリアに40店舗を持つ「ラブドラッグス」、長野県北部に13店舗持つ「中島ファミリー薬局」などがある。（筆者註：11年6月末時点）

――大塚　店舗数を拡大するなど拡大主義をとる一方で、しっかりした収益体質を強化しています。

松本　私は、ただ単に事業を拡大してきたわけではありません。一店舗ずつ、「商品構成、粗利ミックス」というノウハウを駆使して、利益が上がる店舗にしてきました。

うちの店は、化粧品、医薬品、雑貨・食料品を扱っていますが、その売上高比率は、それぞれほぼ同じなんです。その中で、3分の1は儲かる、3分の1がトントン、3分の1が目玉（商品）で赤字でもいいよと。それを組み合わせて23～28％の粗利が出るような仕組みをつくってきたんです。それが粗利ミックスです。粗利ミックスで必要なのは、PB（プライベートブランド）です。

——大塚　マツキヨはＭＫカスタマーというＰＢを出しています。現在、商品の点数はどれくらいありますか。

松本　１８００点です。カテゴリーは、まず目薬、胃腸薬、風邪薬などの医薬品。次に化粧品関係。それから、医薬部外品。そして、食料品とか雑貨関係商品です。ＭＫカスタマーの売り上げ比率は、９・８％ですが、早く15％まで高めたいと考えています。

——大塚　粗利ミックスといい、ＰＢといい、マツキヨ独自の収益マネジメントです。

松本　それだけじゃない。店のスクラップアンドビルドを行うことも忘れていません。効率の悪い不採算店は閉鎖して、新規出店を行います。常に、この繰り返しを続けてきました。因みに、08年度は67店を閉鎖して、68店を新規出店しています。

——大塚　松本さんはかねてより、薬品メーカーにも進出したいと言っています。

松本　売上高５０００億円以上になったら、自前のメーカーを持ちたい。そして1兆円になったら、メーカーから問屋、店に至るまで、垂直統合機能を持ちたいと思っています。ＳＰＡ（製造小売業）を展開しているユニクロさんのような、ブランド力の強い企業になりたいですね。

——大塚　松本さんは、医薬品のインターネット販売を認めてはいけないと訴えています。理由は何ですか。

松本　最大の問題は、ニセ薬が出回るということです。私は、医薬品のネット販売を認可したイギリスへ行って、医薬局の人とかドラッグストアの人から話を聞きましたが、ニセ薬が生まれていると言っていました。今、世界に8000億円相当分のニセ薬が出回っているといわれます。日本にも、いろいろなニセ薬が入ってきています。ニセ薬は飲むと事故が起こる可能性が高い。怖いのはそこなんです。ですから、もし、ネット販売を解禁するならば、国とか都道府県の許可

を得た安心安全な店舗と薬剤師が明確に責任を負うということにしないといけないと思います。

——大塚　松本さんは、２０１１年４月、マツモトキヨシＨＤの吉田雅司社長に代わり社長を兼務することになりました。一方、マツモトキヨシの社長も、隼田登志夫《はやたとしお》さんからご子息の清雄《きよお》さんに交代させました。吉田社長を更迭したのはなぜですか。

松本　私と吉田前社長は、コンビを組んでから三十数年になります。長年やっていると、どうしても過去の成功体験を求めてしまう。

ところが、時代は変わり、ドラッグストアを取り巻く環境も大きく変化している。

私は、いろいろ考えた末、人材も育っているので、思い切って若い人に任せることにしました。その中に、たまたま38歳のうちの長男・清雄がいた。私も34歳のときは幼稚園をつくり、38歳のときはスポーツクラブをつくったりしている。私は吉田前社長に、2人で息子を補佐、指導しようよと言ったんですが、業績などの責任を取って身を引いてしまった。吉田前社長には、会長か副会長になってもらおうと思っていたんです。私もまだ、協会の対外的な活動をしなければならないので……。

これからは、今一度原点に戻り、次世代に引き継がれるマツモトキヨシを構築していきたいと思います。

〈写真〉
菊池　修　Chapter—2、3、5、6、8、10、12、13、15、16
講談社写真部　Chapter—4、11
週刊現代編集部　Chapter—1、7、9、14

〈略歴〉

大塚 英樹（おおつか ひでき）

1950年兵庫県生まれ。テレビディレクター、ニューヨークの雑誌のスタッフライターを経て、独立。政策シンクタンク「HDKアソシエイツ」を設立。以来、新聞、週刊誌、月刊誌で精力的に執筆活動を行う。国際経済を中心に、政治・社会問題などの分野で幅広く活躍。特にこれまで五百数十人の経営者にインタビューし、『幸運思考』『流通王―中内㓛とは何者だったのか』『「距離感」が人を動かす』『社長は知っている』『柳井正 未来の歩き方』『「感動」に不況はない』（以上、講談社）など、多数の著書がある。

ミッション〈MISSION〉―トップ16人《にん》が語《かた》る「3・11」と「未来《みらい》の稼《かせ》ぎ方《かた》」

2011年12月12日　第1刷発行
2012年1月18日　第2刷発行

著　者　大塚英樹《おおつかひでき》
発行者　持田克己
発行所　株式会社 講談社
〒112-8001
東京都文京区音羽 2-12-21
電話　出版部　03-5395-3783
販売部　03-5395-4415
業務部　03-5395-3615

印刷所　慶昌堂印刷株式会社
製本所　株式会社国宝社

ISBN978-4-06-217369-8